360°
全景旅行

中国最美的地方

七彩云南

《亲历者》编辑部 编著

中国铁道出版社有限公司
CHINA RAILWAY PUBLISHING HOUSE CO., LTD.

图书在版编目（CIP）数据

中国最美的地方. 七彩云南 /《亲历者》编辑部编著 .—4 版. —北京：中国铁道出版社有限公司，2024.12

（亲历者. 360° 全景旅行）

ISBN 978-7-113-31060-8

Ⅰ. ①中… Ⅱ. ①亲… Ⅲ. ①旅游指南 - 云南 Ⅳ. ① K928.9

中国国家版本馆 CIP 数据核字（2024）第 049424 号

书　　名： **中国最美的地方：七彩云南**
ZHONGGUO ZUI MEI DE DIFANG: QICAI YUNNAN

作　　者：《亲历者》编辑部

责任编辑： 孟智纯　　　**编辑部电话：**（010）51873697

封面设计： 尚明龙

责任校对： 刘　畅

责任印制： 赵星辰

出版发行： 中国铁道出版社有限公司（100054，北京市西城区右安门西街8号）

网　　址： https://www.tdpress.com

印　　刷： 天津嘉恒印务有限公司

版　　次： 2015年2月第1版　2024年12月第4版　2024年12月第1次印刷

开　　本： 710 mm × 1 000 mm 1/16　**印张：** 11.5　**字数：** 200千

书　　号： ISBN 978-7-113-31060-8

定　　价： 59.80元

序言

如果要在云南前面加一个前缀，那非“七彩”二字莫属。五彩斑斓的红土地，衬以蓝天白云，震撼人心；蓝色的洱海边上，穿透云层的几缕阳光洒下，清晰可见点点金光在水面闪烁；满眼金黄的油菜花，清风中飘来一阵阵芬芳，不觉已置身画中；白雪皑皑的梅里雪山，巍峨壮丽、神秘莫测……

柔美的云南骨子里却是硬朗的。经典的虎跳峡，一路有雪山峡谷伴随。徒步人迹罕至的独龙江，艰苦历程终成美好回忆。腾冲火山曾昂首呼啸，愤怒的声音震动四海、惊艳八方……

云南是一块富饶之地。人们的生活和大自然息息相关，他们轻易就能从大自然中汲取所需的养分，所以他们热爱这片土地。他们对云南的依恋之情会感染你也爱上这里，爱上这里慢悠悠的生活节奏。

云南是未曾消失的乐园，四季如春，树木常青，鲜花不断。这个地方有连绵不绝的雪山，有激情澎湃的河流，有碧草连天的草原，还有宁静幽深的湖泊……这里是云南，一个七彩的地方。

目录。

你好，七彩云南

体验 PART 1

都市 PART 2

古镇 PART 3

画境 PART 4

风物 PART 5

你好，七彩云南

彩云之南，心的方向

停驻『春城』，享受别样慢生活

踏访香格里拉，找寻『心中的日月』

或惊艳于大理的风花雪月

或醉心于丽江的柔软时光

徒步怒江，邂逅真正的桃花源

品茗普洱，体味人生的苦与甘

罗平

3月是春回大地的季节，罗平的3月也是一个油菜花开的季节。穿梭在大片大片的金黄花海中，在微风拂面的时候，嗅着浓郁的油菜花香，感受着思绪飘扬的意境，是何其惬意！

1月

大理

银装素裹 风花雪月

2月

泸沽湖

碧蓝湖水 明亮如镜

西双版纳

热情洋溢的西双版纳是云南历久弥新的旅游品牌。迷失在热带雨林的奇花异草间，探访深山平坝里的少数民族，参与热情狂欢的泼水节。在这个生机盎然的4月，处处都充满着乐趣。

5月 **丽江** 小桥流水 纳西古镇

6月 **建水** 精致民居 文献名邦

4月

罗平花海

元阳梯田

空气中弥漫着泥土的芳香，微微的凉意将思绪无限延伸。拥着大地的气息，静静等候晨曦的到来，让人难以遏制对元阳梯田的热爱。硕果累累的9月，置身其中，耳边都是收获的喜悦之声。

7月

新平

哀牢腹地　多彩傣乡

8月

怒江

重峦叠嶂　别样惊险

9月

梅里雪山

从来就不缺乏崇拜者和朝圣者的梅里雪山，一直都是令人魂牵梦绕的地方。金秋十月，守候在卡瓦格博主峰下，捕捉日照金山的精彩瞬间，那一瞥将会令你永生难忘。

11月

腾冲

火山热海 边陲小镇

12月

昆明

彩云之南 四季如春

10月

▼元阳梯田

PART 1

体验

若是想要了解什么地方，就一定要去亲自体验一把。溜一次“一怒倾泻”的怒江溜索，听一场雪山下的音乐盛宴，走一趟古老悠长的铁路轨道……刺激、欢畅、怀旧、凝重，亲身体验，方能知晓云南真味。

区 位

怒江傈僳族自治州境内。

推荐理由

怒江奔流于深山峡谷中，沿线多瀑布险滩，湖泊遍布，两岸原始森林密布，珍禽异兽繁多。

最美季节

春季的怒江水像绿宝石一样耀眼。冬季的怒江峡谷两侧雪山银装素裹，江水碧绿和缓，原始森林五彩斑斓。

极致体验

每年的农历正月初一至初三的三天里，怒江各地的傈僳族人都要相会到怒江边有温泉的地方，举行一年一度的澡塘会。溜索过怒江已成为当地的旅游体验项目。

劈山溜索过怒江

怒江，是仙境上神的一滴眼泪，
坠落人间，美景如幻。
怒江，是威武将军的一把宝剑，
劈开山峰，滚滚南流。

▲溜索过江体验。

怒江，汹汹不羁之流，发源于青藏高原唐古拉山。水流湍急，波涛怒吼，犹如奔腾在大草原上的汗血宝马，狂吼着，嘶啸着，恢宏悠远，一怒千里。狂放不羁的怒江之名也因此而来。

"一滩接一滩，一滩高十丈"是人们对怒江大峡谷的壮阔描述。进入怒江大峡谷，不得不提的就是峡谷两岸的山与水，终其一路旅程，那是你最先接触的景象，也是最后离开的记忆。

怒江大峡谷的水会随着四季的变换而变化。当两岸的山上枝繁叶茂的时候，江水就倒映着碧绿的影子，水面绿油油一片，好似一幅幅流动的油画。偶尔江水也会变成蓝色，比天空还要蓝。似乎仙境上神将世间最美的蓝色都给了怒江。那时的怒江就成了一匹匹随风飘动的水蓝绸缎，披散在雪山脚下，平添几分水色斑斓。

江水两岸山石林立，陡峭之峰笔直耸入云霄。突兀地去看那些山，你会为大自然鬼斧神工的创造力深深折服，那些山石一块一块如刀削般平滑，形状各异，上耸云天、下没江心，飞猱难

攀、神鬼愁渡。

在这神鬼愁渡的怒江两岸居住着的傈僳族人想到了一个有趣的法子来渡江，那就是被称为“怒江天桥”的溜索。

相传很久以前，一对分居两岸的傈僳族男女相爱了，两人对岸相望，却被这奔腾不息的峡谷之水横中阻隔。

日夜望眼欲穿、饱受相思之苦的男女受到彩虹的启发，在怒江两岸拉起了两条倾斜的粗篾绳。绳下挂着一只大篮子，人坐在竹篮里顺势飞渡，很快就可以抵达峡谷的彼岸。

溜索就这样从最初的恋爱工具演变成了很长一段时间过江的交通工具，更成为如今去怒江必定要体验的有趣活动。

怒江之上的溜索有平溜和陡溜两种。平溜的溜索两头一样高，平行于怒江之上，溜到江心后就要像猿人那样攀爬到对岸，比较费力，但很锻炼身体；陡溜的倾斜度较大，一头高、一头低，借助惯性自动滑向对岸，你可以在滑行过程中随意摆出各种炫酷姿势。飞渡的感觉宛如“铁掌水上漂”的轻功一般，圆你一个武林高手的武侠梦。

傈僳族人的智慧由溜索可见一斑。不仅男女老少能够自如地溜来飞去，甚至可以带着家禽、自行车、走亲访友的礼物等溜索过江，令人啧啧称奇，叹为观止。

怒江美的不仅是那仪态万千的重峦叠嶂，不仅是那风情万种的花香四溢，更不仅是那一怒千里的奔流不息的江水，还有那众神守护的丙中洛。

如果说从古至今，还有什么是可以相通的，那大概就是人们对阡陌交通、鸡犬相闻、怡然自乐的世外桃源的向往了。丙中洛便是怒江大峡谷深处的一个与世隔绝的村落。隔着怒江而望，村落像是绘在碧罗雪山巨大山壁上的一幅油画。田陌间身着傈僳族服饰的男女们在劳作，高大古树下孩子们在玩耍。整个村落沐浴在阳光之下，跟怒江的青山绿水相映成趣。

无论你是否畏惧怒江的狂啸嘶吼，无论你是否惧怕怒江的涛声如雷，当你离开的那一刻，脑海里不由自主地都会浮现出看过的一条条盘旋山间的羊肠小道、溜过的一道道横跨山间的溜索、住过的一排排简陋的山间小扉、聆听过的一声声高低起伏的马帮调子。

游览亮点

- 绵延起伏的碧罗雪山
- 众神守护的丙中洛
- 神奇壮观的怒江第一湾
- 盐马互市的茶马古道
- 记忆之城知子罗

▼ 面朝怒江，背靠青山，如隐世迷谷的丙中洛。

区 位

丽江市西部地区。

推荐理由

拥有国内面积最大、发育最完整的丹霞地貌，千龟山因其独特地貌更是广为人知。

在这里可以观赏神奇的“太阳三起三落”景观。

最美季节

春末夏初，杜鹃花开得最为妖娆。

极致体验

老君山是近些年新兴的攀岩胜地，在这里可以遇见世界各地的攀岩高手。

游玩时间较久的话可以在黎明村住宿。村里红石街两边有各种价位的客栈和餐厅。

攀岩胜地老君山

老君山，相传是太上老君的药草园，
花花草草，弥足珍贵。
老君山，号称云南众山之祖，
层层叠叠，仙山瑶池。

在山如大珠小珠落玉盘般层峦叠嶂的滇西，老君山的海拔实在算不上出众，然而山不在高，有仙则灵。既然无法傲立群山，那么占一个太上老君的药草园，又何尝不是钟灵毓秀？左拥滔滔东流的金沙江，右抱滚滚南下的澜沧江，又何尝不是羡煞旁山？

也正是因为被这两条大江夹于其中，阻隔了人们的视线，人迹罕至的老君山也才得以保留了最原始的地理风貌。但凡游历至此的游客，无不有一种仙山瑶池的感觉。又因传说太上老君曾在此炼制仙丹，故而老君山被称为“滇省众山之祖”。

老君山与玉龙雪山相对，却不似雪山的终年银装素裹。除去冬季，老君山都是漫山遍野的山花艳丽。姿态妖娆的杜鹃花、迎风傲雪的报春花、清香挺拔的龙胆花、优雅郁郁的兰花，以及铺地似锦的绿绒苗等，或生于林上，或长于溪畔。夏秋两季，红橙黄绿青蓝紫各色花朵十分鲜艳，所以有“花花草草皆上品”的美誉。

▼风光明媚的老君山，有着最原始的地理地貌。

太上老君的仙踪早已不见，可上神昔日的炼丹炉还在。炼丹的炎炎炉火早已熄灭，可那残留的炼丹石还在。这就是老君山独

特的丹霞地貌。如红霞披挂在老君山上，色如渥丹、灿若明霞的砂岩映红了片片天空。这些红色的砂岩，每一块都像一个沧桑的老人，有着自己的故事，见证时间的流逝，目睹岁月的沧桑。

老君山景区内拥有大量的丹霞红砂岩大岩壁，是目前国内开发出的最适合传统攀岩的地区。运动员和爱好者们在景区内开发了200多条优质的传统攀登路线。有了众多的线路和详尽的资料，攀登者们可以畅享传统攀登的乐趣。

传统攀岩有别于运动攀岩，它要求攀岩者仅使用机械岩塞用于保护和降绳，对岩壁不产生任何破坏，是对攀岩者毅力、体力和技巧多方面的考验。

历届老君山户外越野挑战赛的成功举办，更是把老君山攀岩推向了世界。也许提起攀岩，更多人的第一印象是将它当成一种极限运动，认为只有少数人才有技能和胆量去参与。可老君山攀岩却是大众活动，结合传统的专业攀岩和室内的休闲攀岩为一体，让更多人在保证安全的情况下体验飞檐走壁的刺激和乐趣。

老君山是花草的世界，是植物的世界，也是水的世界。九十九龙潭由近百个清澈如镜的大大小小的水潭组成。春天的融雪、夏天的降雨、秋天的秋露、冬天的冬霜，都是潭水的源泉，有四季便有潭水的源源不绝。水盈则溢，溢出的湖水汇成条条小溪，再集成小河，穿越原始森林，最终投入金沙江和澜沧江的怀抱。

九十九龙潭水在阳光和花木的映照下呈现出蓝、橙、黄、绿的绚丽色彩。冬天的九十九龙潭遍布着冰凌，是一个天然的冰雕世界，奇美无比。春末夏初，水塘四周茂密的原始冷杉林，与成片的杜鹃相混，杜鹃花开得万紫千红，煞是奇幻。

老君山的攀岩固然趣味横生，而徒步老君山则是为人们所喜爱的另一项户外活动。原始森林的诱惑日益驱使着探险者的徒步探险。背一个登山包，扛一顶帐篷睡袋，聘请一个经验丰富的向导，从九十九龙潭出发，开始徒步探险的旅程，一路的所见所闻所感都将是毕生的记忆。

游览亮点

- 色如渥丹的千龟山
- 美丽的九十九龙潭
- 杜鹃花开的格拉丹

▼真正的勇者，敢于游走于悬崖峭壁之间。

区 位

迪庆藏族自治州香格里拉市内。

推荐理由

位列“国内十大徒步线路”之一，曾获《中国国家地理》杂志“中国最美的十大峡谷”称号。

最美季节

虎跳峡雨季集中在 7~8 月，易发生落石、塌方等，故最佳时间为 4~6 月和 9~11 月。

极致体验

虎跳峡是世界知名的徒步胜地，可以尝试。

徒步过程中不需要携带过多食物，一路都有客栈可以补给。

虎跳高峡出平湖

虎跳峡，是一把锋利的残剑，
直插山谷，摄人心魄。
虎跳峡，是一道夏日的惊雷，
耳畔轰鸣，震撼灵魂。

▲ 步行在虎跳峡栈道上，俯视虎跳峡的雄姿。

金沙江水奔腾澎湃，无情地将玉龙山和哈巴山切断，形成永久的隔江相望。一只长年生活在玉龙山的老虎，为躲过猎人的弓弩，纵身一跃，跃进哈巴山的茫茫丛林。于是，虎跳峡从此得名。如今，两山依然深情对望，江水依然对流成川。

虎跳峡之江水，犹如一条翻腾的猛龙。江心一块青黑色的巨石，横插江流，如同一把锋利残剑，有万夫不当之勇。当金沙江水冲撞到巨石之上时，就像被这把残剑一斩为二，雷鸣声震裂两岸岩石，浪涛滔天翻滚，一道道溅起的水流似是万箭齐发、同仇敌忾，美得惊心动魄。

这被人称为地动山摇之观、银马奔腾之景的地方就是上虎跳了，而这残剑般的巨石就是虎跳石。尽管虎跳峡谷波涛汹涌，可至今虎跳石依然安静地矗立在此，像是在向世人宣告它对虎跳峡的守护之心。

虎跳峡是一个令人“谈虎色变”的地方，上虎跳、中虎跳、下虎跳皆以一个“险”字而闻名。一险在山，峡谷两岸，高山耸峙，东有玉龙雪山，终年披云戴雪，银峰插天；西有哈巴雪山，峥嵘突兀，陡峻悬崖。二险在水，江中礁石林立，犬牙交错，险滩密布，飞瀑荟萃。然而这险中却蕴藏着一种摄人心魄的壮阔之美。

不到长城非好汉，不跃虎跳亦非好汉——越来越多的中外游客把徒步虎跳峡当成一种趣味旅途。一顶帽子、一个背包、一双徒步鞋、一根登山杖、一颗征服虎跳峡的心，用脚步丈量虎跳峡全程十几公里的美景，时而有猝不及防的景致跳入眼帘。

徒步必然是艰辛的，旅途必然是辛苦的。但当你回忆起这一路走来的壮阔时，定会感叹所有的艰辛都是值得的。

徒步虎跳峡，除了沿途的美景之外，还能结识世界各地的友人。同是虎跳徒步人，相逢何必曾相识。既可以收获美景，又可以收获友谊，不失为一次一箭双雕的趣味旅途。

虎跳峡闻名天下的险景之下也生活着一些安居乐业的人家。当你觉得累了，就能寻一处僻静的村庄，讨一碗清甜的水，宿一间简单的民居，感受一下淳朴的农家生活。当万籁俱寂，你闭上眼睛，那江水的奔腾、江风的劲猛，依旧在你耳边回荡，甚至能感受到地面发出的微微颤抖，宛如躺在一艘正在波涛中乘风破浪的小船上，那一刻，才是身体与灵魂的飘荡。

游览亮点

- 怪石嶙峋的头场滩
- 变化无常的哈巴雪山
- 别具风情的核桃园村
- 弯弯曲曲的二十八道拐

▼虎跳峡沿途村落一片祥和，与世无争。

百年米轨通越南

滇越米轨，是一部时间简史，
记载了滇南的百年历史。
滇越米轨，是一架古老相机，
记录了滇南的一时繁盛。

“云南十八怪，火车没有汽车快，不通国内通国外。”这句广为流传的民谣在很大程度上源于滇越米轨铁路，米轨的称谓则源自滇越铁路轨距为一米。昆明至越南河内的米轨铁路，是云南第一条国际铁路。一条轨距仅为1米的铁路，从昆明蜿蜒至中越边境小镇河口，沿途有低低丘陵、青青草甸、巍巍高山、深幽峡谷，在经历近百年时间冲刷之后，渐渐湮没。

时隔百年，再次凝视这条铁路，眼前似乎可以浮现出当时沿路的银行、邮局、海关，脸颊似乎可以感受到蒸汽火车的热气。纵使如今，剩下的虽是沧桑的尘与土，那也是一道滇南的时间轨道。

徒步米轨铁路，一路走，一路拾起消失的风景，是一项格外有趣的旅行。清晨时分，潮湿的空气中透着一丝凉意，沿着铁路，往来的行人从薄薄的晨雾中走来。一河

区 位

昆明市至中越边境的河口瑶族自治县。

推荐理由

滇越铁路滇段是中国西南地区的第一条铁路，被称为与苏伊士运河、巴拿马运河相媲美的世界第三大工程，也是全国为数不多的窄轨铁路之一。

最美季节

春意盎然的春季是欣赏沿途风景的最佳季节。

极致体验

五家寨人字桥是滇越铁路鬼斧神工的一段，可以自驾前往参观。

红河屏边白河桥村滇越米轨集市赶集。

之隔，那是越南的老街，能听到隐约传来的单调音乐，是一个女子的清唱，反反复复、轻轻悠悠。幸运的话，还能看到米轨铁路上的货车，看着车头一通复杂的掉头，一路甩开越南并不陌生和遥远的异国风情，开向你不知道的目的地。

脚步一路不停，走过绿色的山峦，便能进入米轨铁路的褶皱地带，路变得陡峭。由于在山峦间穿行，山峦脚下的城镇只剩下屋顶的颜色，模糊了其他的所有细节。路途上你也许能碰上周边挑篮子的老人，听老人回忆对铁路的一往情深，听老人追忆铁路的经年变化。

行走在米轨铁路上，感受着周围景色的变换，累了播放一段音乐，疲了掬一捧山泉水洗把脸，饿了就在路边找片树荫摆开野餐的桌布，来一餐美味佳肴。虽然米轨客运停运了，但是货运还在通行，只要你留心，火车的鸣笛声会在十多分钟前在山谷里回响，只要提前做好避让，就能观赏、拍摄火车经过的场景，感受那种风驰电掣的冲击，聆听那种巨大的轰鸣，你会有一种力量的

震撼与过瘾。

待你越走越远、越走越深，会在烟雨空蒙处，赫然发现一座“人”字桥，像是一件艺术作品。你难以想象这种钢铁架构会突兀地出现在山涧的云端里，如同通往仙境的独木桥。

芷村站，曾是滇越铁路的一等车站，那时甚至比昆明站、开远站的等级都高。车站旁有著名的“南溪街”。如今当地人提及这个地方的时候，常常感叹这是一个有故事的地方。

碧色寨是个极有特色的车站，无数摄影家用了类似的角度、镜头、曝光参数拍摄了那个时钟，用一种过时的时间刻度记载时间的流逝。当你的脚步停留在这里的时候，也不妨抬头看看这个古老的时钟，再低头看看腕表，百年时间，一晃而过。

然而融入时间长河的又岂止往日的繁华，古老的时钟和当年的碧色寨，还有这条长长的米轨，随着时间的长期剥蚀和世人的遗忘，滇越米轨铁路的寿命，犹如一位百岁老人，也许在不经意间便与世长辞了。

↓游览亮点

- 横跨峡谷的“人”字桥
- 险峻陡峭的七凸坡
- 繁盛一时的芷村站
- 特色分明的碧色寨
- 不可错过的“锡都”个旧

▼碧色寨的破旧遮掩不住它曾经的辉煌。

区 位

丽江市玉龙纳西族自治县。

最美季节

银装素裹的冬季是玉龙雪山最迷人的时节。

推荐理由

以“险、奇、美、秀”著称，是纳西青年男女心中的圣地。一共 13 座山峰连绵起伏，似银龙飞舞。

极致体验

景区内可以直接乘坐索道上山，轻松欣赏美景。

从索道下山后，可以去看一场《印象丽江》演出，气势恢宏，十分精彩。

爱之伊甸玉龙山

玉龙雪山，终年积雪，
身姿宛若一条雪龙腾越飞舞。
玉龙雪山，圣洁无暇，
是纳西族人心中永远的神山。

▲ 玉龙雪山，千里冰封，一片白雪皑皑。

白居易的《长恨歌》是一首凄美的爱情诗，洋洋洒洒八百余字，很多都已经淡忘在记忆里，然而其中一句，令很多人记忆犹新，那便是描写对挚爱之情执着追寻的“上穷碧落下黄泉，两处茫茫皆不见”。北半球距离赤道最近的雪山是玉龙雪山，被纳西族人奉为神圣之巅。

关于玉龙雪山有一个凄美的爱情故事。传说曾有一对纳西族男女深深相爱，却遭到男方父母的极力反对。伤心欲绝的女人登上了雪山云杉坪，带着对尘世的爱纵身一跃，为爱而死。悲痛的男人无法承受失去挚爱的痛苦，最终选择追随而去。

云杉坪最美的季节在春夏，繁花似锦，长长的高原草甸上，星星点点缀着怒放的野花，流光溢彩。牦牛成群，悠闲地吃草散步，仿佛世外桃源。低低的雾，从草色弥漫的深处飘来，浅浅地在草上浮动。木制的栈道散发着古朴的气息，环绕在云杉坪高高低低的山坡上。

你去看那山，青色而静穆的山；你去看那雪，雪白而温和的

雪。青天碧透，宛如一泓秋水，空气清新沁凉。阳光下它晶莹剔透、熠熠闪光，仪态雍容地站立在金沙之畔。我们沿着窄窄的山路，去追寻藏在我们心里的梦。山脚的旷野有纳西族的祭风道场，高高扬起的经幡，似在祭奠那失落的灵魂。

玉龙雪山虽然是终年积雪，却不是一片茫然的白，近看雪山，那白与黑的交融，像极了一幅水墨画，诗情画意，呼之欲出，因此得名“黑白雪山”。每个人面对雪山都有不同的感触，但却有一点是相同的，那便是每个人的内心都是温暖的。

这便是玉龙雪山的魅力。在远处，你看见它的优雅巍峨；在近处，你触摸到它的深厚雄伟，像母亲般圣洁，像兄弟般坚强，像朋友般亲切。传说在每年秋分时节会有一米长的阳光照下来，而被这阳光照到的人就能拥有美丽的爱情。这便是那“一米阳光”的故事。

↓游览亮点

- 高山草甸的甘海子
- 凄美秀丽的云杉坪
- 风起云涌的冰塔林
- 如梦如幻的蓝月谷
- 秀甲玉龙的玉柱擎天

▼ 如梦幻般的甘海子，倒映着婆娑树影。

火山热海第一城

腾冲火山，是一种愤怒，
震动世界，撕裂洪荒。
腾冲火山，是一种重生，
破而后立，推陈出新。

电影《霍比特人：史矛革之战》中给人留下印象最为深刻的，就是那条沉睡在孤山之下的巨龙，它是一个前所未有的恐怖生灵，全身的龙鳞都燃烧着火红，张口就能吐出足以毁灭万物的巨火。这样的一个生灵，不禁让人产生联想，位于西南边陲的腾冲火山不正是一条沉睡着的“巨龙史矛革”吗?

亿万年前，这里曾经是茫茫沧海。印度板块和亚欧板块在这里碰撞接合，海洋变成陆地，海底隆起气势非凡的山脉，将无数五光十色的珊瑚海蚌，高高擎在蔚蓝的天宇。腾冲是规模浩大的造山运动最激烈的部位，在5000多平方千米的土地上，留下了世界上最密集的火山群和热泉群。

腾冲大地，处处留下了火山活动的遗迹，留下了无数永恒的奇观。90多座保存完好的火山堆气势磅礴、雄峙苍穹，像是女娲炼石补天的座座高炉。有的如硕大的马

区 位

云南省西部边陲，与缅甸接壤。

推荐理由

著名的侨乡、文献之邦和翡翠集散地，拥有火山与得天独厚的温泉地热资源。

最美季节

每年4月中下旬是腾冲兰花盛开的季节。

极致体验

腾冲境内的温泉奇异、神秘、梦幻，应有尽有，可以试试。

乘坐热气球欣赏火山是不错的体验方式。

▲ 冉冉上升的热气球让腾冲的天空五彩斑斓。

蹄，有的如高高的城垛，有的如截顶的圆锥，有的如煮天之巨锅，有的如烹象之神鼎，有的如吞日吐月之口，有的如一节一节的柱子……千奇百怪的火山石形状各异，穷尽万象之妙，令人叹为观止。

恐怖的、毁灭性的火山喷发，已成为遥远的梦境。进入梦乡的火山犹如一个沉睡的史矛革，地热是它燥热的呼吸，地下滚滚岩浆是它不安的血液。可以想象远古时候，它愤怒地张口嘶吼，喷出无数带火的岩浆，仿佛来自地狱的恶魔，霎时间就要将被关在地狱的怨气宣泄，愤怒的声音震动四海、震惊八荒。

所谓“不破不立，破而后立”，遭遇了怒龙毁灭过的腾冲顽强地生存了下来。到处青松成林，杜鹃盛开，幽兰满地，百鸟欢歌，异兽出没。阳春三月，当你登上腾冲最高的火山——打鹰山，你将见到万树杜鹃在火山口争相怒放，充满生机与活力。

“坐在火山口上”这句话，常被人们用来形容处在非常危险的境地。如果是一座活火山，地下的炽热岩浆在翻腾涌动，火山灰烟尘随时会冲向天空，相信没有谁敢为了欣赏火山喷发的壮观场面而站在火山口上。即便火山进入休眠，我们也无法真正地爬到

▲ 滚滚热海，仿佛有着融化一切的力量。

火山口去观赏，最好的办法当然是乘坐热气球，在高高的天空俯视火山群的全景了。

当热气球缓缓地升高，随着视野点点提升，悠悠晃晃间你能看到蜿蜒的小径、五彩的良田、青黛的远山、缥缈的苍穹，天上人间的美景尽收眼底。还有什么办法比乘坐热气球更令人心仪的呢？

俯瞰热海如“太虚幻境”。蓝波涌动的滚锅巨潮，湿润清澈的美女浴池，瑰丽耀眼的珍珠泉，银箭灼灼四射的万年蛤蟆嘴，轰鸣不已的鼓鸣泉，沉静而神奇的怀胎井，神秘怪异的醉鸟井，这些被你踩在脚下的景象，使人饶有兴味地去探究那魔幻般的谜底。

时间老人用泉水的刻刀，经过千年万年的雕刻，塑造了色彩斑斓的泉华奇葩。各具情态的万古泉华会令你惊叹叫绝。凝固的彩色“瀑布”，静中有动；独立于水面的“锦鸡”，似乎就要向天长鸣；破壁而出的“狮子头”，似乎就要昂首吼叫；引人入胜的“壁画”、破土而出的“新笋”……林林总总，大可一饱你的眼福，激发你的想象。

↓游览亮点

太虚幻境的热海

蓝波涌动的大滚锅

湿润清澈的美女池

瑰丽耀眼的珍珠泉

轰鸣不已的鼓鸣泉

区 位

西双版纳傣族自治州中部。

推荐理由

景洪历史悠久，长夏无冬，风景绚丽，融汇了独特的原始森林自然风光和迷人的民族风情，是体验泼水节的极佳地点。

最美季节

4 月中旬是傣族举办泼水节的时节。

极致体验

景洪市的民族节日有傣族的“泼水节”、哈尼族的“嘎汤帕节”、拉祜族的“拉祜扩节”、基诺族的“特懋克节”、瑶族的“盘王节”等。

傣族泼水节狂欢

泼水，是热带雨林中的
民族庆典。
泼水，是美丽西双版纳的
激情狂欢。

▶象征着祈福寓意的泼水节狂欢。

景洪有着独具魅力的贝叶文化、婀娜多姿的傣族少女、基诺族大鼓舞、哈尼山歌……傣族的"泼水节"、哈尼族的"嘎汤帕节"、拉祜族的"拉祜扩节"、基诺族的"特懋克节"、瑶族的"盘王节"等透射出独特而醉人的各民族风情。其中以傣族泼水节最受往来游客们的欢迎。

总有一些地方，是此生不去一定会遗憾的地方。西双版纳就是这样一个地方，一生中你一定要去一次。虽然就风景而言，西双版纳不一定称得上最美，但因有了泼水节的民俗，这个地方就更显生趣了。

高大的椰子树和一些叫不出名的热带树木遮蔽着灼人的阳光。小巷和商店半闭的门里，躲藏着突袭的泼水人，路人经过，突然一盆水泼向人们。小朋友们用水枪、盆子追逐过往的行人。俊美的少年身边总要围绕着一群泼水的女子，她们会用盆里的水表达对少年的喜爱之情，美丽的少女周围也少不了表达爱慕的少年们。

每年 4 月中旬，是景洪举办泼水节的日子。指定的宣慰大道和泼水广场早早就已经人山人海，大家端着泼水的盆子，你追我赶，泼洒嬉闹，一派其乐融融的景象。

一般在下午两点之后，全城开始沸腾起来，水花飞溅、水汽腾腾，空中生起一片水雾，灼热的太阳也变得阴凉，在泼水广场

上空形成一道道彩虹拱桥，场景十分壮观。人群里，有人屈身盛水，有人躬身泼水，有人侧身泼洒，有人直腰倾倒。人影晃动，呼喊声、埋怨声、水声，响成一片。水声哗哗、笑声朗朗，姿态各异，衣色飘逸。

宣慰大道是泼水主战场。事先安装好的跨马路的水管，喷洒着水柱，人们在道路两旁设立的水池里舀水泼向别人。楼上的人们向街道上的人大盆大盆地倒水，队伍乱成一团，乐成一堆，号声阵阵、鼓点齐鸣，更有一些穿着傣族服饰的少男少女，排成一排，欢快地跳着舞。

条条马路上都是清水流淌，街道家家闭户，男女老少都出来过泼水节。偶尔有警车巡查，友好的人们将水泼向车上，似乎是在为他们的工作表示感谢，又似乎是在邀请他们加入泼水的行列。这样难以看到的景象，比想象、图书、电影中的欢乐更能带给你快乐。

傣家人的生活是那样丰富多彩，演绎着别样差异的风貌人情。还有那典雅的竹楼、碧绿的江水、纷飞的晚霞，金晖满江。袅袅婷婷在江中沐浴的傣家女，与夕阳争辉、与水缠绵，在波光粼粼的水面，呈现出缤纷的筒裙和傣家女嬉笑戏水的欢乐场面。

景洪是西双版纳的柔情，水是景洪的灵魂，泼水节是傣族人们的精神寄托。它不仅仅只是一种有趣的活动，更多的是蕴含着傣族人对生活的美好寄望，以及对亲人朋友的友好祝福，更是祈祷神灵的赐福和保佑。

游览亮点

- 赏心悦目的曼听公园
- 风情浓郁的民族风情园
- 五彩缤纷的热带植物花卉园
- 原汁原味的原始森林公园
- 清明如镜的孔雀湖
- 中国最大的南传佛寺勐泐大佛寺

造型精美的勐泐大佛寺是景洪人的信仰之地。

区 位

大理白族自治州剑川县沙溪镇沙溪坝子中心。

推荐理由

民房建筑保留了典型的白族民居建筑特色，瓦舍人家古朴清幽，被世界纪念性建筑基金会专家们誉为“茶马古道上唯一幸存的古集市”。

最美季节

农历二月初八是太子会举办的时节。

极致体验

大多数餐馆、客栈、小店都集中分布在这里。

运气好的话还能碰上村民赶集，可以买到实惠的松茸等菌类。

茶马古道寺登街

寺登街，是亘古的时光隧道，
凝固着千百年的繁华。
寺登街，是茶马古道的幸存者，
印记着马帮的历史。

▶ 屹立百年不倒的寨门，是寺登街永存的精神象征。

一座建筑已经存在了好几个世纪，并不意味着它将永远能和我们在一起。实际上，每一天，在世界每一个角落，我们都在失去人类文化中不能复制的建筑物……

当马帮成为一种历史，蜿蜒盘旋在滇藏崇山峻岭中的茶马古道，也日渐变得更加沉寂以至荒凉。甚至，这条古道已成为岁月的一部分，就连沿线曾因古道的繁盛而热闹一时的许多小镇，也在时光的变迁中湮没、消逝，只能靠些许模糊的概念来追忆。幸好沙溪寺登街还存活着，为我们原汁原味地保留了那段关于马帮、茶叶、药材、皮货、食盐等的历史片段。

这个茶马古道上唯一幸存的集市，是当年沙溪的灵魂与核心，是古时南来北往的马帮和客商在沙溪商贸交易的地方，曾经拥挤过嘈杂过。如今那些嘈杂已不复存在，然而沙溪人每逢农历二月初八的太子会却至今仍保留着。

太子会是有着上千年历史的民族节日，“太子”指的是古印度迦毗罗卫国太子悉达多，即后来的佛祖释迦牟尼。相传，二月初八太子悉达多逾城出游，看到民众疾苦，遂立志为佛，普度众生。民间便将这天定为太子会，一为纪念佛祖，二为祈求福禄。

在太子会期间，当地的人们会在寺登街举行为期一周的骡马集市和民间赶集，往来的游客可以体验茶马古道的遗风。四方街则是寺登街的经贸中心，四方街的条石历经了几百年的沧桑岁月，有的已经磨损得失去了形状，但是石板上的蹄印仍然清晰可见，记载着当年的热闹和繁华。

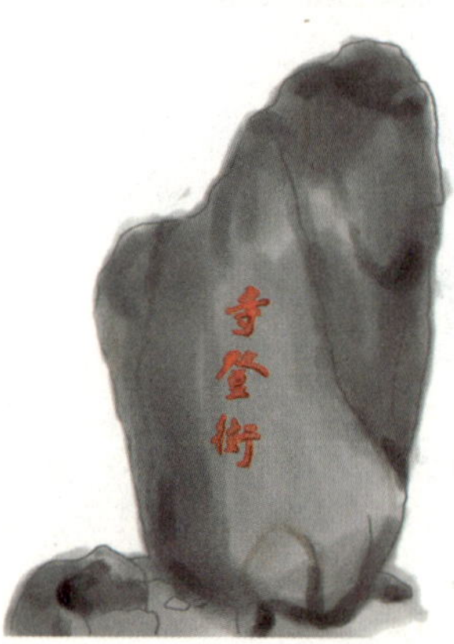

寺登四方街是最具有商业气息的地方，体现茶马古道集市的建筑当属密布在街场四周及巷道两旁前铺后马店的商业建筑，它是整个街场历千年而不衰的保证。前铺后马店简单地说是临街、临巷的房子开成商铺，主要用来做生意或出租给别人；后面的房子和院落开成马店，供南来北往的马帮和客商住宿、存货、暂养马匹。

戏台是古镇的文艺活动中心，每到农历二月初八、四月初八等赶庙会的日子，人们就要在这里搭台唱戏，热闹一番。每逢民族节日，全镇白族儿女各自身着节日盛装，弹着龙头三弦，齐聚四方街。戏台上载歌载舞，四方街上人潮涌动，兴教寺里善男信女拜神佛，一片欢乐吉祥。据说，在沙溪一直流传着这样一个规矩：没有到四方街古戏台上演出过，不能称是沙溪人。可见四方街古戏台在人们心中的地位。

白天的热闹散去，傍晚安静的沙溪，宛如一幅重彩的油画。天空飘着几朵火烧云，四山环抱，夕照秋林，几片金黄、几片黛绿。亮闪闪的黑惠江，九曲如练，由北向南从坝子中流过。山麓江畔，看见一个个白族村寨，红土墙、青瓦顶，古树掩映，好一幅鱼米之乡的图画。

入夜之后，躺在古老的马店里，闭上眼睛，似乎就能浮现出一幕幕繁华的遥远场景。马帮浩浩荡荡地穿街走巷，马脖上的铃铛叮叮当当地清脆碰撞，黑惠江畔回荡着赶马人豪迈激昂的调子……

游览亮点

- 铁桥锁江的玉津桥
- 历史悠久的寨门
- 狭长悠远的巷道
- 繁盛一时的四方街
- 载歌载舞的古戏台

岁月流逝，唯有这些建筑还在默默诉说着过去的种种。

PART 2

都市

都市是一方热土的骨骼，它们构建起了这片土地的轮廓。云南的都市似乎天生有着与众不同的浪漫，不管是春城昆明还是旖旎的大理，抑或是多情的丽江，都频频吸引着行走的脚步纷沓而至。

区 位

云南省中东部。

推荐理由

空气清新、天高云淡、阳光明媚、鲜花常开，民族风情浓郁，自然景观和人文景观的荟萃之地。

最美季节

夏无酷暑，冬无严寒，春季最佳。

极致体验

彝族的“火把节”，白族的“三月街”“绕三灵”，傣族的“泼水节”，苗族的“踩花山”，傈僳族的“刀杆节”，都能在昆明的云南民族村体验一把。

花域春城是昆明

昆明，是四季如春的花花世界，
绚烂多姿，繁花锦簇。
昆明，是闲适优雅的国际都市，
筑梦未来，惬意生长。

▲春城无处不飞花。

“眼望岁月与流水汇成长河，回想时间是另一条河，要知道我们就像河流一去不复返，一张张脸孔水一样掠过。”不知是昆明的哪一座小桥上手刻下这样一句话，让往来游客念念不忘，不忘昆明的悠闲，不忘昆明的四季如春，不忘昆明的繁花锦簇……

闲闲散散、慢慢悠悠，甩大碗豆花米线，胜利堂前斗蛐蛐，翠湖边上喂红嘴鸥，世博园花草养眼睛，这是昆明人的自由闲适，也是外地人的无限羡慕。

昆明人喜欢闲适，闲适多了也就成了一种习惯。就算马上就要迟到，他们也可以很悠然地在馆子里享受完最后一根米线；明知中午的时间少得可怜，他们也要跷起脚来小睡一会儿。他们会晒着暖暖的太阳，打一下午输赢不过几块钱的麻将；他们会花一下午的时间逛超市，最终两手空空。他们还特乐意干世界上最磨时间的事——捡干巴菌。

外地人总怀疑昆明是否一天有 26 个小时，因为这里的人日

子是磨着过的，这确实够奢侈。如果说“时间就是金钱”，那昆明人确实有点“视金钱如粪土”的意思。然而这样的奢侈，不正是其他人羡慕的吗?

关于昆明的慢生活，可说的实在是太多太多。史书上那些大量的名词、细节和故事，犹如时光堆叠起来的岩层，一旦掘开就流露出永恒的真相。似乎老昆明的人们，无论大人还是孩子，无论富人还是穷人，无论男人还是女人，都是手艺人，都是生活的艺术家，他们把吃、穿、住、玩都经营得像一道长久迷人的风景。

四季鲜花开不败，这是云南十八怪之一怪。昆明，便是那四季鲜花不败落的地方。五彩缤纷的杜鹃、古朴自然的山茶、琳琅满目的各种名贵鲜花，只要身在昆明，无论你从哪个方向、哪个角度，望向哪个方向、哪个角度，映入眼帘的都会是争奇斗艳的繁花。这样的绚丽多姿日复一日、年复一年地装点着这座城市，打造着花花世界的美誉。

昆明的春雨，也是值得一看的慢风景。像是键盘下轻轻敲击的音符，倾泻下卡农无限的烂漫。又像是随风扬起的轻柔的风沙，在熟睡后的耳畔，点滴敲打着心房——这就是昆明的春雨，她来了，平缓而舒展，不焦不急，轻轻盈盈，自自然然地来了，像是午后的一场弦乐交响曲中点点的鼓声……

尘埃散尽只为最后的樱花瓣，随意泻下的小雨飘飘洒洒笼罩了五百里滇池风光，又见雨雾笼罩下的翠湖，有了13℃的沁凉，似乎又见候鸟栖息时眯着眼笑看春城满城的明亮，满街红男绿女撑起的雨伞每每拉近了彼此孤独的过往。

雨中的蓝玫瑰还在恣意地怒放着，小西门天桥下沧桑的流浪歌手依然忘我地歌唱，百盛楼下相拥的恋人正幸福地等待着电影的散场或是播放，二环路上雨刮器不停地让一个雨中的城市在模糊中变得明亮。

昆明的快乐还来源于各民族的集聚，大街小巷里总能看到穿着不同民族服饰的男男女女。各式各样的民族节日都会让人大吃一惊，苗族的花山节、纳西族的米拉会、回族的开斋节、彝族的火把节，每一个节日都拨动着外来者的心弦，让昆明成为一个流连忘返的记忆之城。

↓游览亮点

- 奇花异草的世博园
- 峰峦连绵的西山
- 藕花飘香的翠湖
- 多姿多彩的滇池
- 湖光山色的大观楼
- 集聚风情的云南民族村

▼红嘴鸥是翠湖上一道靓丽的风景线。

苍山洱海在心中

大理，是金庸笔下的刀光剑影，
江湖武侠中含着风花雪月。
大理，是唐寅笔下的水墨丹青，
庭院深深中蕴着婀娜多姿。

区位

大理白族自治州大理市苍山脚下。

推荐理由

历史悠久，是云南最早的文化发祥地之一，人文景观与自然景观交相辉映。

最美季节

每年 3~8 月是当地少数民族节日盛行的时节。

极致体验

每年的农历三月十五日至二十一日，是白族的节日“三月街”。

每年的农历四月二十三日至二十五日，当地会举行“绕三灵”活动。

金庸先生笔下的大理古城，令无数读者为之倾心不已。小说再现了苍山洱海的传奇与神秘，续写了大理能够笑傲江湖的侠骨柔情，再次点燃了读者心中那团影影绰绰的火苗，神往与亲历必将付之一炬，迫不及待地想走进它，燃烧自己。

大理古城，古色古香的韵味，似北宋张择端画下的《清明上河图》，城在画中、画在城中，是亘古社会与当今人们生存环境的真实再现。古朴而幽静、繁盛而喧闹，拙笨的文笔，不知如何来形容大理的高雅大气、大理的庄重秀丽、大理的俊美纤巧、大理的博大包容、大理的底蕴灵气。

“下关风，上关花，下关风吹上关花；苍山雪，洱海月，洱海月照苍山雪。”古往今来，大理因风花雪月而闻名于世。似乎不曾吹过下关风，不曾赏过上关花，就不曾来过大理，不曾领略大理的脉脉柔情。

大理的下关风为世人所见，下关风风力之强，有拔木倾舟的能力，每到深秋便放肆起来，洱海上、苍山巅，大街小巷，到处游走，让人却步。可偏生是这样的劲风，吹到脸上时却没有切肤之痛，反而更像一双情人的手，滑过脸颊时，带着脉脉柔情，会

▲花映五华楼。

↓游览亮点

- 雄伟壮丽的苍山
- 风光迤丽的洱海
- 古城第一门的文献楼
- 景色别致的洋人街
- "南诏第一楼"五华楼
- 美丽的崇圣寺三塔
- 深街幽巷的三月街

让人不可自拔地爱上在下关风怀里的肆虐。

一花不是花，只有无数的花朵相簇共同怒放光色，才是鲜花的情韵；从江南花草的园圃，走进大理的花海，才有大理之花朝我盛开的感觉。大理是花城，野外高峰、低山、平坝均可见花色烂漫。春意盎然的映山红、洁白无瑕的大花杜鹃、火红的马樱杜鹃、纯洁的乳黄杜鹃、紫色的密枝杜鹃、明亮的硫黄杜鹃、幽香的泡泡杜鹃、可爱的迷人杜鹃无不尽展风流。

一朵雪花不为雪花，只有无数的雪花共同聚集情感，冰结成雪域才能称为雪花的品质；从江南雪季，走进大理雪域才真正明白了雪之魂魄的晶莹。常年有积雪的苍山顶银装素裹，秋冬十九峰连成琼楼玉宇，四顾浩茫，更是一望千万里的湛蓝天顶。

一缕月光不是光，只有无数的月光共同朗照明亮生物的眼睛，才是月光的意境；从江南的月光，走进大理的月光中，才有

▲苍山洱海，相映成趣。

大理的月光朝我辉映的感觉。中秋之夜，白族同胞划木船到洱海中，欣赏天空之蓝、海水之蓝与山色之蓝的相融和蓝色透明里缥缈的些许白云。仰观天上的金月，格外明亮，月圆如仙女清丽的脸庞。

仙女之月，年年复年年，倾吐一夜真心的倩影，休息在苍山巅峰之时，约定太阳神女替她关爱生灵。清晨，天地一片宁静，一色的青黛、鱼肚白的光缕共同亮起在东方的雾里，是神女即将出现的辉光。鱼肚白渐渐红晕的光缕是神女脸色红润的光亮。

每一个行人都是大理的一个匆匆过客，所谓过客匆匆，回忆如水。在风花雪月的幻境中，你快乐过；在亦真亦幻的虚渺中，你安宁过。那么相信在夜深人静、午夜梦回的时候，你一定会再一次梦回大理，寻找那些流逝的快乐时光。

区 位

丽江古城位于丽江市，玉龙雪山脚下。

推荐理由

依山傍水，风景秀丽，拥有浓烈的人文气息和丰富的民族文化，加上艳丽的自然风光，慵懒的生活节奏，使得人们来了就不忍离去。

最美季节

春季的丽江百花齐放，秋季的丽江风清气爽。

极致体验

丽江的纳西古乐庄重典雅，不妨一听。

每年农历二月初八的三朵节是丽江纳西族最隆重的节日，当天丽江城乡各处鼓乐齐鸣，纳西族同胞载歌载舞。

人生尽欢在丽江

丽江，是一本书，
每一页都承载着古老的文化。
丽江，是一幅画，
每一笔都勾勒出优美的景色。

▲时光打磨的青石板路，见证了丽江的古老与沧桑。

“人生得意须尽欢，莫使金樽空对月。”这是诗仙李白所描述的悠然生活。曾经的他穷其一生追求不得，那样的怅然，如今于我们而言，它便是丽江。

“古城幽幽、小桥流水、纳西人家。”在世人眼里，这是一个可以邂逅浪漫的地方。古城八百多年的漫长历史，是纳西族同胞的书写，更是木府土司的主演。“北有故宫，南有木府”，纳西族同胞提起“木老爷”的故事如数家珍。似乎单单只是“木府”二字，就足以蕴含丽江背后那段血雨腥风的历史了。

古城的水潺潺如丝，每一条街道上缓缓流淌的溪水，都如同七弦琴上一根不可或缺的琴弦。在水一方，轻摇漫步，耳边悦耳水声令人为之痴迷、为之倾倒。这些慵懒的流水，都宛如丽江人生活的惬意悠然。

古城每一个角落里都能看到一方特别的景致，你可以随便找一个地方发发呆，喝喝茶，晒晒“一米阳光”，听听纳西语。你还可以寻一间四方客栈，推开客栈的窗户，倚在窗前看小桥流

水。你可以摘掉腕表，忘却时针的追逐。你可以停在十字路口，想象天马行空。你更可以在细雨如毛的天气里，撑一把透明伞，走过一条寂寥的雨巷。

在这个可以忘却自我的古城，你尽管随心所欲地去行事，走累了就找一个台阶坐下，没有人会觉得你的行为怪异。你还能侧耳倾听云南十八怪“男人带娃娃”的趣事。勤劳的妇人在外劳作，清闲的男子居家养孩子。老男人小男人们，常常在午后围在一起话家常。每每听到他们提及谁家的娘子会干活、谁家的夫人手艺好时，都忍不住翘起嘴角，笑容飞扬。

古人常曰：“酒不醉人人自醉。”徜徉在丽江的古朴中，只觉得景不醉人人自醉。白昼日光，醉在景中。银光月色下，自是少不了木老爷甘酒相陪。而丽江的酒吧风情，更是闻名遐迩，是丽江不可错过的一道风景线。

月色如洗，你将脚步停在古城的洋人街上，古街两旁风情各异的酒吧灯笼令人眼花缭乱。抬脚随意走进一家酒吧，点上一杯如东巴文字般神秘绚丽的鸡尾酒，细细地品味，慢慢地回味。你会觉得生活更像一杯酒，搁置的时间越长，香味越浓，入口方可品百味人生。而爱情，恰恰正如那酒入喉时最浓烈的时刻，充满着辛辣，回味却令人迷醉。

丽江的酒吧，宛如丽江的水，流淌着快乐。但丽江的快乐，却远远不止步于酒吧。当清晨的第一缕阳光透过窗帘映入客栈的房间，你推开木窗沐浴着柔光的洗礼，耳边一定能听到纳西族同胞清洗街道的水声。

在小桥边上，或许还能看到那穿着纳西族服饰的亭亭少女，和着古乐的节拍，扭动着腰肢，摇曳着裙摆，跳着锅庄舞蹈。你拿起相机拍下窗外跳舞的少女，却不知，在另一部相机里，你已是一道风景。

当你在这座城市，宣泄了你的情伤、忘却了你的烦忧之后，背起行囊，前行的继续前行，寻觅的继续寻觅。而这悠悠古城，波澜不惊地挥一挥手，从容优雅地扬一抹淡笑，从此你的记忆里便抹不去了丽江古城的萦绕。每一次的回忆，都是你对丽江的魂牵梦绕。

游览亮点

- 万古不朽的万古楼
- 八百年不倒的木府
- 热闹非凡的四方街
- 水流潺潺的古城水车
- 龙凤呈祥的五凤楼

丽江夜色。

梦回南诏醉一场

巍山，是一朵解语花，
足以解开所有的郁结。
巍山，是一杯烈酒，
足以稀释所有的凝重。

云南是一个盛产古城的地方，提起古城，人们想到的大多是大理和丽江，至于巍山古城，很多人也许没听说过。可就是这样一个一直寂寥地存在着的巍山，竟是南诏国的发祥地，是茶马古道上的重镇，是马帮活跃的城邦。

有人说梦回南诏，人在巍山，断然是要心生些许醉意的。悠悠然然地走，不要做出赶路的样子，这是个足以融化任何郁结的城；轻轻松松地走，不必做出背负的表情，这是个能稀释任何凝重的城。

巍山，是物化了的南诏历史与流动着的民族风情的和谐统一。在

区 位

云南省西部，大理白族自治州南部。

推荐理由

巍山的春季是兰花绽放的时节，品种繁多的兰花一直为人称赞。

最美季节

春夏秋三季皆宜。

极致体验

巍山的美食有很多，粑肉饵丝、过江饵丝是当地最大的特色。

漫步古城，远离城市的喧嚣。

巍山，踏访田野，走村串寨，寻历史古迹。红土高原的奔放，彝族同胞的豪爽，回族同胞的好客，茶马古道的古老，巍宝灵山的祝福，红河源头的热情，南诏古国的歌韵……世代居住于此的古城人，及他们所创造的舒缓而平静的生活方式和深厚的历史文化，铸就了这个城市永生不灭的灵魂。

穿越重重历史云烟，走进巍山古城，陌生而久远的年代似乎正迎面而来，那历史的深度，令人敬畏而痴迷。在由土木院落杂沓交错组成的古城街道上漫行，暗发思古之幽情，寻找南诏古国昔日的荣耀与沧桑，追寻生存了数百年的南诏古国的遗迹，都是一件有趣的事情。

古城有最古最长的南诏古街，街道的石板路是后来换的，两旁的店铺较完整地保存着明清时期的瓦顶木架结构，底层一律是店铺，临街的门面都是木质的，铺上的木板在岁月中，被主人和顾客的衣角和手磨得油亮油亮的。

这座古老的城市最让人感到恬静的地方，就是夕阳下那几座兀立的古楼。“巍山古城的最大特点是它是一座活着的古城。”这是巍山云溪会馆的孙先生对巍山古城的总结，它是真实现存的一座真正意义上的古城。

彝族是最早在巍山地区生活的民族，彝族踏歌的历史源远流长。在巍山，无论是山顶垭口、田间平地、农家场院或是庙宇殿堂，每一个彝家山寨都有打歌场。每年农历六月二十五日是巍山的火把节，日落西山，夜幕降临时分，人们从四面八方涌入城内

“逛火把”。县城内主要街道上火把齐燃，爆竹喧天，火树银花，一片沸腾，各族人民身穿盛装，围着火把起舞，在米酒飘香的节日里享受幸福的生活。

巍宝山是一片风水宝地。重重山、重重树，山阶幽寂，四顾苍茫。站在巍宝山上，便能看到山山水水，生生息息，千年如是。走进巍宝山如同走进了古老的艺术殿堂，20 余座明清时期的道教宫观，雄伟庄严又不失灵秀。这些全真道士做功的修炼场所，今天仍吸引着不少海内外游客慕名前来。经常演奏洞经音乐的长春洞、文昌宫等道观，更让人大开眼界。听着优美动听、庄重典雅的古乐，油然而生“此曲只应天上有，人间哪得几回闻”的感受。

山风弹奏着万顷松涛，把古老的历史、文化、艺术，幻化成一个个跳动的音符。身临巍宝山，会闻到山风里裹着的具有灵性的历史气息，甚至拾阶观景的脚步都有一种沉重感。

巍山，因为有着南诏历史，便也附上了深厚的文化底蕴，人文色彩也有了自己的独特体现。今天，在这里生活的长住民族多爱讲述千年前的南诏历史，讲述先祖金戈铁马的辉煌故事，慨叹沃土造福，培育了一方圣贤人杰，创立了一个南诏王国。

↓游览亮点

- 万里瞻天的拱辰楼
- 道观众多的巍宝山
- 环境清幽的圆觉寺
- 古朴的老城街巷

▼巍宝山上的培鹤楼祀奉镇派祖师吕洞宾。

区 位

云南省南部红河哈尼族彝族自治州建水县。

推荐理由

古称临安，是一座有着深厚历史的文化名城，城内各种古建筑精美且保存完好。建水的水井很出名，不但数目众多，而且造型独特，五花八门。

最美季节

春季和冬季是建水一年中最美的两季。

极致体验

每周末，文庙里都有古乐演出。上下午各一场，可以安排好时间观看一场。

建水古城的临安烧豆腐历史悠久，味道独特，令人回味无穷，是不得不尝的美味。

时光不逝建水城

建水，是一座沉淀千年的古城，
巍然而古朴。
建水，是一部时光书写的史书，
真实而厚重。

这是一座比北京天安门城楼还早 28 年的城楼——朝阳楼。

云南偏居祖国西南，山高水险，遗世而特殊。然而就是这样一个偏远之地，恰恰藏匿着一座又一座的古城，足以同江南知名的古城相提并论。建水这个名字，听起来就有股江南水乡的味道。

建水的巷子曲折幽深、纵横交错，简单而精美。小巷大都用青石铺成，千百年来，这些青石板已被打磨得光滑青亮。街边的房子大都散发着古老的气息，房檐和门面上装点着精美的雕刻或绘画，花鸟虫草，一样不少。建水人很喜欢古典诗词，在这些艺术品一般的建筑物上，总能见到辞赋之类的东西，平添了几分风雅。

穿过一条光滑的青石板路，便靠近了一口传说中的好井。那些令众生敬畏的神位，仍居于古井之侧。取水的车马人声近了，又随水声远去了，此刻只剩下护井老人，缄默如井。立在井边好奇张望，这一泓幽蓝之水，竟将你的影子染蓝了。铅华洗尽，你映于这方清冽的水中，补白了一抹简单悠闲、飘着豆腐清香的深巷风景。取井中之水，坐在滇南的暖风上，泡开一壶普洱茶，心儿随之沉入紫壶之底，窗外落花无语。一思一念，似这井中古水。

建水古城里屹立着一座比北京天安门城楼还早 28 年的朝阳楼。600 多年的时间，在中国大地上，辉煌过多少朝代、帝王将相，发生过多少惊天动地的大事，但都如秋冬季节的枯叶，凄凉地被寒风冷雨卷走。但这座朝阳楼，在见证了那么多的世间兴衰成败后，还在那里一年连着一年、一个世纪接一个世纪地陪伴着古城的人们。

对建水而言，元朝的到来，与其说是一个崭新的政治时代的开始，不如说是儒家文化铺天盖地的涌入。此城三箭之地一寺，五箭之隔一庙，七里之遥一桥，八里之远一塔。那些文庙不是传说，是真实存在的记忆。建水文庙声名在外，虽已逾七百多年的时光，早已是老态龙钟的年纪，可那一砖一瓦间仍都洋溢着儒家的传统文化。

红楼一梦醉过几许人？如果你也爱着《红楼梦》里的大观园，不妨到建水的朱家花园走上一遭，这个曾经让人嫉妒羡慕的私人宅院，就在建水县城中心。藏身于西南边陲的朱家花园，足以同那些知名的私家园林相媲美。

它的气派，它的一个接着一个的古老故事，像《红楼梦》里的大观园一样让人荡气回肠，此园好像只应该存活于小说里、存活在虚构的故事中。精美玲珑的绣楼、名贵的紫檀家具、气派的私家戏台、讲究的官邸园林、古韵十足的镂空花墙，都透着高贵神秘，内雅外秀。

朝阳尚未升起，建水城还在酣睡，青石板的道路上就响起脚步声、说话声、桶的摇晃声。几百年来，无论天地怎样变幻，这里的时光似乎是过去了一天又倒回来一天，不变的节奏、不变的声音、不变的情调，从一条条大街小巷里拐出来，又拐回进一条条大街小巷。只要是在建水古城生活过的人，这幅图景，将会永远铭刻在心。

游览亮点

- 磅礴大气的朱家花园
- 经久不涸的大板井
- 宏伟壮丽的文庙
- 千姿百态的燕子洞
- 屹立不倒的朝阳楼

古朴威严的建水文庙。

区 位

德宏傣族景颇族自治州。

最美季节

10月的瑞丽被浓雾环绕，最是美丽。

推荐理由

古榕垂须，金塔映日，胶林滴翠，绿竹婆娑，拥有千般奇景和万种风情。

极致体验

南菇河上游是中国边境上的宝玉石矿带，以盛产红、蓝宝石而闻名中外，可以前去试试运气。

瑞丽大浪淘翡翠

瑞丽，是一块翡翠，
晶莹剔透，翠绿欲滴。
瑞丽，是一只蝴蝶，
翩翩起舞，身姿轻盈。

“有一个美丽的地方，傣族人民在这里生长，密密的寨子紧相连，那弯弯的江水呀绿波荡漾。一只孔雀飞到了龙树上，恩人哟就是那个共产党，傣族地方有了您，遍地花开朵朵香。”这是《有一个美丽的地方》唱出的优美旋律，一首歌唱红了边陲瑞丽，为我们展现了一场异域风情的邂逅，和一个美丽的孔雀之乡。

傣族语中瑞丽就是“雾升起的地方”的意思。清晨，雾如雨露，把地上抹得湿漉漉的，把青草染得鲜嫩嫩的。雾在朦胧中飘逸着潇洒，瑞丽在雾的神秘中透着边寨的浪漫。漫步在瑞丽江畔，只见大雾茫茫，不见江水翡翠，瑞丽江两岸浸润在湿漉漉的雾中。雾在凤尾竹梢与傣寨竹楼间轻盈戏耍，浪漫的雾飘逸在坝子、山林、田畴之中。

瑞丽最迷人的雾当属江边渡口的，软软的欢声笑语散落在瑞丽江面，竹筏在水中和着爽朗轻快的节拍，两岸竹林小径回味着鸟语花香，唯独不见人影船踪。茫然之中，一叶轻舟突然而至，一行装扮靓丽的傣族少女仿佛一群俏丽的仙女忽地从天际间飘逸而至。她们或挎着色泽艳丽的筒帕，或挑着晃晃悠悠的竹箩，在朦胧的雾中姗姗而至。

世人只知陶渊明《桃花源记》之美，不知雾之瑞丽有如此曼妙。江边看雾，人在雾中如坠海市蜃楼。登山览雾，则雾在云中。雾变成了海，向勐秀山巅迅速地漫去，山下云海涌动，从邻邦缅甸顺着山脚、漫过坝子慢悠悠地涌来，淹没在雾中的瑞丽变成了风和日丽的湖泊。被林海铺就的勐秀山一派淳厚和近乎遗世的静

瑞丽江畔的水牛闲适地漫步着。

▲ 景色宜人的瑞丽，绿意迷人。

谧祥和，像一个飘浮在云海中的世外桃源。

世人都说黄金有价玉无价，更有玉出云南之说。瑞丽虽不盛产美玉，却盛产如玉般的翡翠。但凡到过瑞丽的外乡客人，都免不了要被翡翠的清透精致所吸引。托一块造型精巧的翡翠在手，迎着阳光站立，斑驳的阳光点点洒在翡翠上，折射出一道道耀眼的光芒，那是比孔雀开屏还有意境的美。

瑞丽是我国大西南沿边开放的重要城市，拥有瑞丽、畹町两个国家级口岸。这两个口岸是东南亚一带重要的珠宝集散中心、中国四大珠宝市场之一，是国内各大珠宝市场的主要商品提供地，是走向东南亚、南亚的桥头堡。

瑞丽市内有一条贸易集市街长达1000多米，被人称为“边贸街”。那里的卖主均是中缅边民，货物琳琅满目，而且有很多独具当地傣族特色的木雕、皮革、纺织等工艺品。每当夜色降临，那里便灯火通明，成为瑞丽的不夜城。

有一些故事，注定只能由那些对故土饱含深情和真诚的异乡人来讲述；有一些地方，注定只能由异乡人来发现它的与众不同。瑞丽，等着你来发现它的美，等着你为世人讲述一个个深情款款的傣族故事。

↓游览亮点

- 琳琅满目的边贸街
- 风光旖旎的大盈街
- 历经沧桑的菩提寺
- 大气磅礴的莫里瀑布
- 异域风情的民族游览区

PART 3

古镇

走到云南，人都会忍不住随着柔美的风景变得心境平和起来。走一走诺邓古村的石板路，看一看和顺古镇的古建筑，听一听黑井古镇的历史，品一品坝美古村的泉水……穿行在古镇古村的大街小巷里，做一回怀旧的雅人，时间、空间都停在了那一刻。

区 位

腾冲市区西南 3 千米处。

推荐理由

镇子一马平川，清溪绕村，垂柳拂岸，一派和谐的田园风光。

最美季节

早春二月，和顺的油菜花田一片金黄，彩蝶飞舞。

极致体验

逛完和顺古镇，可以出古镇乘车去往热海泡泡温泉。

去中国最大的乡村图书馆和顺图书馆看看古书收藏。去滇缅抗战博物馆缅怀中国远征军革命先烈。

土和民顺的古镇

和顺，是一汪碧泉，
泉水叮咚，温婉动人。
和顺，是一轮弯月，
月光皎洁，月影婆娑。

这里曾是马帮重镇，这里曾是古“西南丝绸之路”的必经之地，这里汇集了各种外来文化，这里是著名的侨民之乡。“海内存知己，天涯若比邻”，不管你来自何方，又将要去何地，这里都将是你暂时的家乡。

和顺古镇古名“阳温暾”，因境内有一条小河绕村而过，更名“河顺”，后取“士和民顺”之意，雅化为“和顺”。全镇住宅从东到西环山而建，渐次递升，绵延两三公里。一座座古刹、祠堂、明清古建筑疏疏落落围绕着这块小坝子。

古镇四面火山环绕，山上名木古树郁郁葱葱、涛声阵阵。蜿蜒的南底河水白练般镶嵌在广袤的稻浪、黄花之间，静谧而又耀眼。一泓绕村碧水，鱼翔浅底，河畔古柳如烟。湿地、龙潭、峡谷，鹭鸶、野鸭、老牛，梅花、茶花、稻花，活现了恬静的世外桃源。

和顺，以华侨出国历史长、侨属多，而成为著名的侨乡。400多年前，这里的村民就开始“走夷方”。由于和顺离缅甸才 70 千米，所以去那里做玉石生意的人最多，还有远走印度、美国、加拿大的，其中不乏成为巨富大贾的，他们衣锦还乡之后就在和顺修建宅院，也出资修建宗祠，全乡有八大宗祠，都风格各异。

由于受外来文化浸染，和顺的建筑多为中西合璧，风格有南亚的、东南亚的，宅院里还有不少西洋的工艺品和现代化用品。由于明代朱元璋的屯边制度，和顺又有许多从中原迁来的移民，

▼和顺古镇民风淳朴，乡土气息浓郁，野鸭、村民、农舍、田野，这就是最美的风景。

◀镇子里有很多人姓“寸”，镇上有寸氏宗祠。

安徽、江苏的都有，所以这里的民居还有徽派的建筑风格。各种建筑风格，竟然在这个清秀的西南边陲水乳交融、和谐并存。

从外面归来的侨民还将西方精致的窗花雕栏等装饰融入东方淳厚的建筑元素里，最典型的一处即是建于70多年前的和顺乡村图书馆。穿过雅致的花园小径，六角屋檐相称而翘，采用大胆的乳白色窗格使这简单的二层小木楼显得生动而睿智。

和顺人爱读书是出名的，走进图书馆，阅览室座无虚席，有年轻的少男少女，有知识渊博的老师，也有戴着老花眼镜的古稀老人，更有国外友人捧书而坐。读书使得和顺人胸襟宽容、大气开放，深厚的文化底蕴造就了和顺人不事张扬、低调务实的性格，也正是这股书卷气造就了和顺古镇的古朴纯洁。

在距图书馆几步之遥的弯楼子李氏百年老宅里，最早一批往来东南亚做贸易的生意人带回了烤面包箱和咖啡壶，古老的意大利木钟落进了尘埃却还在不停地摆动，如今这个家族的子孙虽已举家侨居海外，也不忘常回和顺来打理这份厚实的祖业。亦耕亦读，亦儒亦商，成为和顺历史上最具有人文气息的真实写照。

在和顺一直流传着“有女莫嫁和顺乡”的民谣，和顺的男人征战沙场，有一间私人创立的滇缅抗战博物馆就收藏着这段历史。二战时，中国远征军和中国驻印军在美、英军队的协同下，歼灭了入侵缅甸北部和我国滇西的日本军队，打通了中国西南国际交通线。历史已经远去，但重情重义的腾冲人为这些将士建造了一个共同的第二家乡。

↓游览亮点

- 水草丰茂的南底河
- 中西合璧的艾思奇纪念馆
- 形似观音的千手观音古树群
- 如诗如画的和顺龙潭
- 古色古香的弯楼子

区 位

楚雄彝族自治州禄丰县。

推荐理由

如今仍完整保存明清时代的城镇格局，石雕堪称一绝。

最美季节

四季皆是好时节。春季明媚，夏季宜人，秋天清爽，冬日温暖。

极致体验

每年在五一、十一、春节三个黄金周期间，古镇内都会举办不同的活动。

黑井古镇上还保留有古盐井，游人可以亲自动手在古盐井制作食盐。

盐都已逝城犹在

黑井，是已逝的盐都，
曾繁花似锦，富可敌省。
黑井，是已逝的浮华，
曾繁盛一时，名震天下。

因盐而兴，又因盐而衰，千年盐都黑井是一个充满传奇色彩的古镇。当年的金粉浮华之地，伴随着绚烂之花的凋零而归于平淡，平淡得几乎不为世人所知。它依山傍江，是个久封于龙川江河谷中已经差不多一个世纪的小镇。

斗转星移，沧桑变迁。“盐城”早已失去了昔日的辉煌，却留下了古色古香具有唐宋风貌的坊巷，颇具明清风格的民居，碑刻、石雕、古塔、石牌坊、古戏台，以及古寺庙、古盐井、煮盐灶户等，特别是享誉省内外的保存完好的明清建筑典型武家大院，更是吸引了众多的海内外游客。

黑井古镇就像飘落在龙川江畔的两片斑驳的老树叶，看起来是那样沧桑、古朴、寂静而又无奈。原本在古镇左边的龙川江，在古镇的中部拐了一个弯，穿镇而过，把古镇分为上下两部分。

黑井的街道，不像北方的叫街叫路，也不像南方的叫里叫弄叫巷，而叫坊。如今的街道也大都不宽敞，多数在两米左右，走在这样的街道上慢慢地品味，透过那古朴、陈旧、沧桑和冷静的街景，也许多少还能体会出曾经的繁华景象。

被誉为“失落的盐都”的黑井有着别样的古镇文化。中国的

▼武家大院是当年黑井镇上有钱有势的大盐商武氏家族的宅第。

▲大龙祠供奉的“盐水女龙王”李阿召是当地民众心中的盐神。

神文化中，认为天地万物皆有神，神是天地万物的主宰，同时也把德行高超的人物死后的精神灵光奉为神明。所以，各行各业也都有行业之神，并且在许多行业中，神还不止一个，盐神就是行业之神中最多的。

黑井大龙祠就是当地人民为祭拜心中的盐神——“盐水女龙王”李阿召而修建的。如今在大殿上方还悬挂着一块匾额，上书“灵源普泽”四个大字，是清朝雍正皇帝御笔，也算是对黑井盐泉惠泽四方的高度评价。

黑井是云南几大产盐地之一，所产的盐质量好、味道纯，渗透力极强，有“两迤名高第一泉”的美誉。那时的黑井，由于盐贵如金，这座多石少土的山城很是辉煌了一阵子，数不清的华屋美厦、寺庙宫观就在这崇山峻岭间拔地而起，成千上万的驮盐马帮进进出出，给用红砂石铺就的古驿道留下了深深的蹄印。

夕阳西斜，袅袅炊烟飘浮于上空，如彩云追月，直冲云霄。一张米粑、一小碗粥填饱肚子，之后悠然地在镇子中踱步，欣赏古镇的美景。五马桥渐渐出现在眼前，伫立在五马桥上，微风吹拂着脸颊。看着那山、那水，那日落、那晚霞，时空更迭，光阴荏苒，盛衰起伏，不变的是黑井人对生命的执着与热爱。

↓游览亮点

- 布局独特的武家大院
- 惠泽天下的大龙祠
- 振翅欲飞的飞来寺
- 横跨龙川的五马桥
- 精美的黑井石雕

团山村（三、四组）村规民约

遗世绝景藏团山

团山，是古老的怀表，
时光永久在此停驻。
团山，是被珍藏的明珠，
沧海桑田不变迁。

区 位

红河哈尼族彝族自治州建水县城西 13 千米处。

推荐理由

至今完整保存了 19 世纪滇南乡村的特色风貌与社会人文环境，宅院舒适，木雕精细。

最美季节

春季是古村纳凉赏景的好时节。

极致体验

可以乘坐建水小火车前往，沿途景观十分美丽。

每年正月二十，团山古村会举行传统的祭祖盛典，届时还有多种民俗活动，热闹非凡。

自建水县城往西十几千米，转入一条乡村公路，过一座拱桥、一池碧水，郁郁葱葱的柳树一直向前延伸。踏着光润如玉、踏痕累累的石板路，自西向东就进入团山古村。一个只有 300 多户人家的小村庄，却保留着众多完好的传统民居、古寺、古祠，其建筑质量、完好程度和文物价值堪称中国古民居建筑中的一绝。

这个小村庄是完整保存着 19 世纪风貌特色的原生态村落，也是云南最精美的古民居群。古村民居的外表并不起眼，但内在精致的木石雕刻琳琅满目、精美别致，诗书字画与木石雕刻装饰细腻，文气浓郁。建筑空间景观层次丰富，轮廓优美。张家花园是团山民居的主要代表，另外的将军府、皇恩府、秀才府、保统府、土掌房，都是滇南民居建筑的代表之作。

张家花园的大门很小，进门后又是一条巷道，巷道里第一家大门紧闭，墙角挂着一串鲜红的三角梅。看去充满诗意，想不到偏远农家竟然有如此的雅趣。从第二家门进去，是一条狭窄的通道。通道分别开着两道侧门，从侧门分别进入整串院子的第一进和第二进。团山村的四合院基本上都是这种结构。大门不开在中轴线上，而且往往要从侧门进入庭院。

花园墙门上有飞檐翘角，檐下斗拱画梁，虽然色彩陈旧，但还算清晰。门额上的匾写着“张家花园”。墙门两边有八字砖墙，很有一些排场。进了花园，中间建有方形水池。水池四周有白石围栏，围栏立柱的柱头都是精美石刻。据说以前这里的围栏都是汉白玉的。一池绿水，周围点缀着各类花草，整座院子春意盎然、生气勃勃。

东寨门是进入团山的主要通道，两层的阁楼式建筑，青砖粉墙、飞檐翘首，高高的屋脊用灰黑的板瓦镶嵌出古朴的镂空纹饰，如一座古老的庙宇。门面上，是用左右对称的青砖砌出的一个又大又圆的窗子。石板路从洞开的门口穿过，那两个圆窗犹如一双

张家花园建于清末，庭院、花园、祠堂，一应俱全。

沧桑的民居透着一股历史的味道。

洞晓世事的大眼睛，默默注视着时光的流淌。

经过数百年的洗礼，团山村仍然保存着它的质朴，对于久居喧嚣闹市的人来说，这里显得格外宁静，诗意地保持着那一份独有的清新与质朴。每一条小巷都是被踩得光溜的青石板。泥土筑成的房屋，墙上的白色石灰，留有雨水和岁月冲刷过的痕迹，小巷幽深的尽头，视线所及，都是这样刻满岁月沧桑的老房子。

随意在村民的家门口驻足，一扇扇大门上的雕刻非常精致，各种象征吉祥如意的花草、果实、动物等应有尽有，雕艺精湛，栩栩如生。门上的金漆已经剥落很多，透过这隐约的金色，似乎可以窥探到当年这个村子依托锡矿而富庶的景象。

盛夏的团山，天气闷热，村内“四方街”一棵大榕树繁茂如盖的枝叶下，格外荫凉宜人，坐在树下的青石板上，人与古村、大榕树、石板路仿佛融为一幅中国画。

村子北面，北寨门“锁翠楼”隔着一条滚满绿草的山沟与苍翠的山峦相望，蜿蜒而来的山路变为石板台阶穿楼而进。二层正中阁楼开满雕花木窗，高翘的飞檐之下，四野绿风徐徐扑面。

团山村历史久远，民居建筑艺术水平较高，并具有数量多、风格多样的特点。独具匠心的雕刻，别出心裁的书画犹如画龙点睛，达到了尽善尽美的境界，使百年老宅散发出勃勃生机。

团山建筑的精美没有因历史的久远而衰败，世代有人居住，许多老房子的木头虽经百余年，仍然不朽，团山也因此被冠以“云南楼兰古城”的美誉。这些建筑形式融入了中原传来的诗词楹联，使各座民居显得典雅细致而风格独特，可谓云南建筑的大观园。

游览亮点

- 华而不俗的张家花园
- 保存完好的将军第
- 背靠青山的大乘寺
- 一夫当关的东寨门
- 雕梁画栋的上庙

区 位

文山壮族苗族自治州广南县北部坝美镇。

推荐理由

良田片片，绿树成荫，淡雅幽静，风景如画。

最美季节

每年的早春二月，被大山紧紧搂在怀里的坝子，好似待字闺中的含羞美人。

极致体验

进出坝美村必须经过水路，船夫用竹竿划船经过幽深昏暗的水洞，可以感受到陶渊明描写的世外桃源的模样。

世外桃源坝美村

坝美村，是一位温婉女子，
有着江南水乡之神韵。
坝美村，是一块通绿璞玉，
有着桂林山水之形态。

▲ 风雨桥是从村中通往田里的主要通道，也是村民躲避风雨、纳凉避阳的去处。

“林尽水源，便得一山，山有小口，仿佛若有光。便舍船，从口入。初极狭，才通人。复行数十步，豁然开朗。土地平旷，屋舍俨然，有良田美池桑竹之属。阡陌交通，鸡犬相闻。其中往来种作，男女衣着，悉如外人。黄发垂髫，并怡然自乐。”这是陶渊明《桃花源记》中千古流传下来的名句。因这《桃花源记》而兴起的寻找世外桃源之旅的风潮日益升温，坝美村也因此日益映入世人的眼帘。

从古至今，坝美村几乎仅以一个石灰岩水溶洞与外面的世界保持联系。只要有盐巴吃，坝美人就可以拒绝一切与外界的交往。他们尽可以自得其乐，并能解决好自己的一切事情。

追随着五柳先生散文的光影，摇动艄公的扁舟，划入深邃静谧的古河洞，水自下流、舟自上行，瞬息之间，小舟划入黑暗的深渊、深远的地心，身心仿佛飘浮在不着边际的真空，深切感受到了真实的幽深、纯粹的天然。

坝美人家的住房古朴典雅，有落地式、半楼居杆栏式建筑，属于吊脚楼风格。主屋用木板架成，四周用树枝围拢，再敷上黏土，顶端盖着泥土烧制的青瓦，楼上装成分格的包厢，前置凉亭

加上围栏，人居住于楼厅，冬暖夏凉，舒适怡人。

楼下关养着牲畜，不影响居住。这些老式的家居建筑，堪称壮族人传统建筑的活化石，没有钢筋混凝土的味道，也没有五彩缤纷的装饰线，在花草树木的怀抱之中，载满了坝美人家古老的风情，彰显着坝美原始生态文化的厚重与韵味。

坝美的美是安静的。四周青山环抱着一个极小的平坝，一条温情明媚的河流从中穿过。河水清澈透明，不足半米宽的竹桥静卧水上，似在等待千年前的离人。水牛与农夫慢悠悠行走在黄灿灿的油菜花间，燕子萦绕水车无限呢喃。一群白鹅，“嘎嘎”叫着拦住了去路，路边的狗儿则摇着尾巴，看热闹似的不动声色。

百十户人家的小村依山而建，小小的村落与青山、古树、翠竹、碧水相映成趣。坝美的世界，恬淡安稳。陶渊明笔下“黄发垂髫，并怡然自乐”的世外桃源之景，也不过如此了。

坝美的美是热烈的。河岸满眼的桃花红和梨花白，还有铺天盖的填满了整个坝子黄灿灿的油菜花，在蓝天白云映照之下美得惊心动魄。淌过的驮娘河在坝子中央自然分隔成两条，一条“男河”，一条“女河”。夕阳西下，劳作而归的农人共浴河中，其景也融融，其乐也陶陶。

坝美的美是与世无争的。四周青山阻隔，进出只有小小的山洞，因此坝美的美无论安静还是热烈，都是仅属自己的风景，与外面的世界无关。所谓“花开花谢春不管，水暖水寒鱼自知”的自得其乐，便是如此。

夜宿坝美，凉凉的山风吹拂着，竹林古树沙沙作响。牛儿卧在屋下，燕子萦绕梁间，与坝美人一起安享自我世界里的花开花落、云卷云舒，有着“不知有汉，无论魏晋”之感。

离开坝美同样要经过一个山洞和一段水路。不过与来路相比，这不仅是一个全程透光的明洞，行程也短得多。弃舟登岸，随马车再次颠簸游走在青山绿水间。哒哒的马蹄声中，坝美渐行渐远。

坝美的那山、那景、那人，好像只是曾经游历的梦境，又好像只是一个隔世的传奇，它让人觉得无从寻觅，但又让人魂牵梦绕。坝美的神奇与魅力在于：我走入坝美一时，它走入我内心一世。

↓游览亮点

- 三明三暗的桃花源洞
- 青黛绵延的山
- 壮族民风的村寨
- 翩然曼舞的燕子群
- 吱吱嘎嘎的水车

▼“林尽水源，便得一山，山有小口，仿佛若有光”……

区 位

大理白族自治州云龙县城西北面的山谷中。

最美季节

诺邓全年适合旅游，冬季是村民开始制盐的季节。

推荐理由

四面环山，村前有水，围绕着盐井就着山势修筑了层层叠叠的民居。

极致体验

《舌尖上的中国》让诺邓火腿火遍了大江南北，来这里一定要尝尝。

群山环绕诺邓村

诺邓古村，是白盐的世界，
生于盐，盛于盐，衰于盐。
诺邓古村，是重楼的叠加，
生于楼，活于楼，亡于楼。

诺邓，是一个白族山村的名字，“诺邓”一词是白语的音译，意思是“有老虎的山坡”。诺邓过去一般称为“诺邓井”或“诺井”，“井”就是盐井。千百年来，诺邓作为一个重要的盐井繁华一时。当食盐不再是什么稀罕的东西后，诺邓开始衰落，被遗弃在一座荒山里。与它辉煌的历史相比，今天的诺邓显得沉寂，但沉寂并不落败，马帮的铃声虽远去了，但石头上却留下了岁月的沧桑痕迹。

正是这种古老的文明再现，使诺邓古村焕发出青春的气息，线描般错落有序的村落和建筑，看似破败却顶着耀眼的光环。也许是因为交通的原因，诺邓名气大却游人稀少，但是到过诺邓的人无不被它古老而质朴的气息所折服。

从进村到离开听不见狗的吠声，但从进村到离开都有可爱的小狗迎送，进村时小狗欢蹦而至，在你脚边转几圈后引你向主人家的农家客栈，你走慢了它会停下来等你，直到你和主人见面搭讪，走时它还不忘送你一程。

穿行在诺邓，静得出奇，偶尔留守的老人都懒得理会你的存在，也许逝去的太多又太遥远，生存的压力让人们离开了家园。成也盐业，败也盐业。为了熬盐所需的能源，过度砍伐已使

▼古村群山环绕。

周边尽成童山，只有村里残留的大树伴随着大夫第、盐务署、龙王庙、五课提举司，告诉你一个始于汉代的盐的传奇。

有着千年历史的诺邓天然盐井，造就了诺邓火腿所独具的美味。在央视摄制的纪录片《舌尖上的中国》中，有一段6分钟长的关于云南诺邓火腿的影像。正是这短短的6分钟，让诺邓火腿从此声名大噪。

白族花灯调是诺邓流传最古老的曲目，悠扬的笛声让人慢慢了解了诺邓人心中的无奈。在经历了盛世繁华的景况之后，诺邓人的生活的确变得艰难起来，但这未尝不是诺邓的幸运。

走在青石铺就的村道上，时空变得模糊起来。千百年来诺邓人的生活依托在"三坊一照壁""四合五天井"这样最典型的白族民居上。在富足的盐业时代，家家户户的房子除了实用以外，更讲究雕刻的工艺与内部的结构之美。

斗转星移，当年依山而建、错落有致的这些老房子见证了诺邓的荣辱兴衰。山外的世界经济飞速发展，而当人们停下脚步想找回记忆中的家园与内心的安宁时，历史在诺邓凝固并沉淀了下来。

诺邓也是一座难得的白族民居建筑历史博物馆。从南诏时期开始，由于盐业经济的繁荣，有力促进了诺邓村落文化的发展。这个小小的山村虽然经历了1000多年的时光洗礼，但一直保持着不变的白族民居。

诺邓北山民居依山构建，层层叠叠，前后人家楼院重接、台梯相连，往往是前家后门即通后家人院，古代诗人描绘诺邓村居是："叠岸分传径，重楼满集阿。"全村院落形式如"三坊一照壁""四合五天井""五滴水四合院""一颗印四合院"等，风格各异。

游历在古镇，你会常常惊叹岁月的积淀，牌坊、祠堂和大院里的每一块精雕都藏着前辈流离的辛酸，把打拼天下的富庶与荣耀带回乡里，尽情展示。所以，每当走进江南的古镇和徽州的村落，总是看到江南巨富们回到乡里的自豪，感叹华丽外表下的怅然。但是，走进诺邓，不会感到半点虚幻，你会看到一种真实的从容，一种脱离了俗气的时间之美，一首生于斯、长于斯的乡土富饶之诗。

▲ 古村里的老建筑随处可见。

↓游览亮点

- 精致典雅的玉皇阁建筑群
- 飞檐翘角的龙王庙
- 斑斑洁白的古盐井遗址
- 时光再现的国营盐厂旧址
- 崇山环抱的河东民宅

悠然秘境尼汝村

尼汝村，是一片田园之梦，
青翠油绿，泥土芬芳。
尼汝村，是一处悠然秘境，
湖泊连绵，沧海桑田。

区 位

迪庆藏族自治州香格里拉市东北部。

推荐理由

美丽原始的景观，香格里拉唯一的处女地。

最美季节

每年 7 月的登巴节、10 月的祭山跑马节，都有赛马、斗牛、歌舞、敬神活动。

极致体验

尼汝村有经典的徒步路线，沿途有雪山湖泊、森林草甸、牧场村庄，让人流连忘返。

这里是尼汝，藏语中是“眼角”的意思，藏族先民发现此地地形似人的眼角，因而有此典故——这里就是詹姆斯·希尔顿的小说《消失的地平线》中所描绘的一块永恒而宁静的净土——香格里拉唯一的处女地。

长期生活在尼汝的藏族同胞过着日出而作、日落而息、半耕半牧的悠然生活。由于尼汝处在世所公认的香格里拉秘境里，所以被人称作“秘境中的秘境”，是年轻人旅游、探险、徒步的胜地。当你亲身临近后，那你一生都会在回味，让你真正感受到探险中的仙境之旅。

晨雾给巍峨的大山披上了圣洁而神秘的面纱，浮云绕过山沟从脚边轻纱般流过，四周的树木若隐若现地展现着，或雄伟，或秀丽，或奇特。当阳光赶走了绕在身边的雾，各色各样的野花在清晨阳光下昂着头，花瓣上托起了一颗颗晶莹的水珠儿，娇嫩得让人沉醉。心灵的极度陶醉与身体的极度疲惫交织在一起，放飞着纯美的心灵。

南宝湖的湖水平静得像一张蓝色的玻璃纸，偶尔会有几只赤麻鸭游过，打破这个典型的冰蚀湖泊的宁静。岸边的石头上旺盛地生长着色彩斑斓的地衣，宛若神秘的地图。湖边如同刀削般的山峰是第三纪冰川期的杰作，在古冰川的作用下，大理岩、片岩、火山岩，被塑造成近乎完美的角峰和刃脊，险峻而令人生畏。

七彩瀑布是不能不去的地方。绕过一条晶莹的发亮的溪流和居高临下的洁白浪花河道，走过一片坡度不大的开阔草甸，不仅可以欣赏到争奇斗艳的野花，以及润绿养眼的茂草，还会看到一种叫作蓝玉簪龙胆的花儿闪烁着蓝宝石般的梦幻光泽。淡紫的野

▼尼汝是少有世人探访的一方净土。

温婉柔美的七彩瀑布，流水潺潺，动人心弦。

菊浪漫地玉立在柔风中，一串串的粉嫩孔雀花千娇百媚。艳丽的洋红、高雅的纯白、开朗的柠檬黄和热烈的大红，犹如七彩的繁星洒满在一个绿色的海洋。这里就是尼汝村的七彩花丛，是一道由自然组合而成的花海瀑布。

七彩瀑布与别的瀑布不一样，它没有惊天动地的流水声，而是温婉的、徜徉的，流泻着婉转动听的音乐声。数十条大小不一的瀑布，千丝万缕地从数百米高的石壁水银般柔软流泻，飞珠溅玉。石壁顶端和立面都长满了各色苔藓、水草、藤蔓和野花，在水雾的滋养与阳光的照射下发出闪亮的七彩光环，不间断地魔术般变幻着，既大气又悠然。

长久以来，尼汝村的村民们赶着牛羊生活在五彩缤纷的深山中，过着童话般悠然自得的生活，他们用自己的智慧和勤劳维系着这片原生态土地。走在尼汝村的土地上，感觉到了有一种异样的色彩在伴随着我们。羊群像白云落在地上，鲜花像彩虹降落在田间，绿树像长龙环绕四周，多姿多彩，美不胜收。

这里每年7月，村民们都围绕着快要成熟的庄稼快乐地祈祷。各种娱乐活动随之展开，青年男女互相对情歌，或相约茶会，在金色的田野上尽情歌舞。有的还参加赛马比赛、斗牛活动。老年人带着孩子们按照传统转山烧香，也是一道不可不看的风景。

联合国教科文组织的官员在此观赏后曾称赞：“它是世界上仅存的一片净土，是雄、险、秀、奇的人间天堂，是世界上独一无二的高山峡谷自然景观。”的确，尼汝村是香格里拉一块神秘的境地，一块引人入胜的探寻宝地。

游览亮点

- 宁静吉祥的关门山
- 山湖相依的南宝草场
- 怪石林立的帕木乃仙人洞
- 野花竞放的下掉阁牧场
- 亦真亦幻的七彩瀑布

铜都繁华一梦中

娜姑，是铜色的世界，
因铜而生，随铜而逝。
娜姑，是柔美的姑娘，
因美而生，与美共存。

区 位

曲靖市会泽县西部。

推荐理由

云峰古驿道的起点，境内至今保存有部分古驿道以及历史遗迹。

最美季节

每年 4~5 月是最好的时节。

极致体验

这里的盐水石榴颇有名气，可以品尝。

在云南东北部乌蒙山脉之中，有一个古老的小城会泽，在会泽的山谷里有个古老的小镇娜姑。娜姑，一个柔美动听、让人充满遐想的名字，其实只是过去彝语的音译，与姑娘、美女无关，意思是“一块黑色的宝地”。

娜姑镇始建于西汉建元六年（前 135 年），汉代铜都会泽的辉煌，使娜姑成为“万里京运第一站”。会泽的铜从这里源源不断进入四川会东，络绎不绝的马帮进出给这个乌蒙山中的小坝子带来繁荣，厚重的历史积淀，物化成娜姑灿烂的人文景观。

铜是地处乌蒙腹地的娜姑的生命，因铜而生，随铜而逝。铜本身

▲从如今白雾街的古民居依稀能看出它曾经的繁华。

就是财富，中国几千年的货币就是一串串的铜钱，为了铸钱的需要，云南东川府的铜人背马驮，万里迢迢运往京城，从小江河谷中开采出来的铜京运第一站就是娜姑。

云峰古驿道的大部分路段已被淹没于荒草乱石之中，这段仍在使用的古道还幸运地保持着马路特征，坡道由不规则的石块砌成一台台石级，走在上面可隐约听到马铃声声。坡上的云峰村曾经是古娜姑的中心区，而今只剩下孤零零的云峰寺，寺内殿堂保存尚好，两株参天古柏，一片清幽环境。

当年的娜姑是非常繁华的，客栈、酒楼、粮行、油行、糖行、轿行、花生行、丝绸铺、银器铺、马鞍铺、铃铛铺、典当铺样样都有，文官武将、富商大贾、贩夫走卒、矿工匠人不绝于道。还有各省前来押运和采购铜的官员、商人常驻于此，建起了各省的会馆、庙宇，接待本省同乡，供奉着本省神祇。

娜姑古镇曾经叫作“白雾街”，过去白雾街的热闹与繁华仅次于会泽，建有城堡，1000 多米的城墙将白雾街围得严严实实，

城墙上炮台林立，在西面和北面建有城门。如此防范，足以显示出这里的富有，也让心存歹意的人不敢窥视。城里面商贾云集，寺庙、会馆林立，还有一座颇为壮观的大戏台，在高大、厚实的城墙庇护下，白雾街和会泽县城的人一样，纵情享受着生活。

白雾街宽不过五六米，长也就两百多米，却是天天赶街，街两边的老式房屋有的还留着过去木制的铺子，古香古色。摊子就沿街边一溜摆开，糖果糕点、菜籽烟叶、衣服鞋垫、山货蔬菜等日常生活用品，应有尽有。

陈宅的正面有着最具当地民居建筑特点的“猫弓墙”，顺着高高的石阶而上，两进院，是典型的“四合五天井”和“走马转角楼”建筑形式。天井的地板用条石铺成了“双喜”图案，可见陈宅的奢华和典雅。听说，当时在大院的照壁、门楼和后围墙上曾开了很多高低不一的射击孔，护院的士卒可以方便地向外射击，由此可见此院又透着浓浓的杀气。

在白雾街走走，看看上百年的庙宇，逛逛古老的深宅大院……老年人的日子、年轻人的生活，一起充斥在小小的白雾街上。过去的白雾街是失落了，但现在的白雾街同样是真实的、活生生的。

↓游览亮点

- 威武圣严的三圣宫
- 环境幽静的云峰寺
- 历史悠久的陈家大院
- 中西合璧的老教堂
- 残垣断壁的城墙

文庙聚孔子、关圣、文昌于一堂，又名三圣堂，曾做学堂。

PART 4

画境

五百里滇池的湛蓝，东川红土地的嫣红，连绵雪山的洁白，油菜花的金黄，元阳梯田的葱绿……这些美景如婉约派的诗词，字字句句温婉如水。这些美景如七彩的彩虹，赤橙黄绿青蓝紫色色艳绝。当眼帘里映入这些景色时，你只会由衷地发出感叹：风景如画。

区 位

昆明市西南部。

推荐理由

云南最大的淡水湖，湖面烟波浩渺，十分壮阔。其迷人之处更在于它一日之内，随着天际日色、云彩的变化而变幻无穷。

最美季节

春夏看风景，秋冬季喂红嘴鸥。

极致体验

可以在湖边漫步、乘船游湖，冬季还能喂鸟。可以顺路到海埂公园北侧的云南民族村游玩一番，感受云南省多民族的风情。

五百里滇池如画

滇池，是一位世外贤士，
淡泊明志，宁静致远。
滇池，是一弯淡淡皓月，
纯洁自然，安静悠远。

碧蓝的天空，棉花似的云朵，一眼望去，晴空万里。如此晴朗的天气，只有一个地方适合去休闲，一个可以享受心灵安慰的地方。那是红嘴鸥们的家，是鱼儿们的乐园，那就是滇池湖畔。世人喜欢它的宁静，仿佛可以与世隔绝，它的味道清新自然，花草浪漫又美丽。

成千上万的红嘴鸥或停在湖面上或展翅翱翔在空中，犹如片片白帆点缀着碧绿的湖面。湖堤上总有等待着觅食的红嘴鸥，当一群群红嘴鸥飞过来，它们准确地将食物衔进嘴里。几艘小游船在湖面上穿梭，当船只驶过，就会掠起大群红嘴鸥。当船上的人将食物抛向红嘴鸥时，会引来群群红嘴鸥跟随船儿飞翔，人与红嘴鸥组成了一幅美好和谐的图画。

滇池之美，在于它的湖光山色。环湖可探访石器时代遗址，追寻滇王古墓的踪迹，探索云南文化摇篮的奥秘，不禁令人神往。船在湖中行，人在岸上走，鸟在天上飞。夕阳下的滇池，静若处子，波澜不惊。凭栏远眺，白帆樯影，红嘴鸥逐浪，阳光远远地回照着湖面，金光闪闪。天边是大块大块的红霞，西山沐浴着太阳的余晖，水浮云掩，一片暖色。

滇池之美，在于它的宽广浩瀚。滇池呈南北向分布，湖体略呈弓形，弓背向东，东北部有一长4000米的天然沙堤伸入，将滇池分为南北两半，号称“五百里滇池”。湖面烟波浩渺，水波荡漾，水天相连，宽大无边的滇池尽可以盛满人间万物！

滇池湖水的沉淀犹如一位饱经风霜的老者、隐居在山野间的世外贤士，淡泊明志，宁静致远。呼吸天地之间的雨露精华，

穿行在薰衣草花海里，周身尽是淡淡花香。

朝霞百里，一眼望去，不见边际。

让人颇为着迷。一眼望去，这湖水不像湖水，因为没有哪一处的湖水磅礴大气到如此一望无垠。这湖水也不像大海，因为滇池婀娜清秀，带着几分妩媚和妖娆。

堤坡绿草如茵，金色的阳光洒在湖面上，远处青山的倒影与碧绿的湖水相得益彰，白色的红嘴鸥在滇池上自由飞翔，欢乐的人群在暖暖的阳光下享受着大自然这一奇妙的景观。供游人休憩的凉亭上坐满了游客，到处都有拿着相机拍摄的人，你在找风景，找风景的人也在找你，无意间，你们都成了滇池的一角。碧绿的湖、白色的鸟、欢乐的人海，湖与红嘴鸥、红嘴鸥与人，组成了一幅幅和谐美好的画面。

所有来过这里的人心底都会刻下不同的感受，但可以肯定的是每个人心底都有一种相同的感觉，那便是当你站在寂静的夜空下、滇池边上时，你会感受到它的宽阔、它的安静。

滇池西南部白鱼口的空谷园，有磊楼别墅、引胜桥、红云坞、待月亭、温水泉等园林设施，雅致怡人。在此凭栏眺望滇池，波光粼粼，白帆樯影，群鸥逐浪。每当春日樱花烂漫时节，绯红一片，如云似霞，景色更加绮丽迷人。

当微风从海的另一头飘来，从你的脸颊拂过，那一刻，天地肆意旋转，在苍茫天地间，淳朴、洁净、坦诚、粗犷、雄浑、厚重，都随着微风吹来，你能感受到的是它们的融和。

这样神秘又快乐的滇池，承载着自己的恬淡，流淌着人间的真情，才让孙髯翁被这海纳百川所征服，才有了那副抒发胸襟的“古今第一长联”：“五百里滇池，奔来眼底，披襟岸帻，喜茫茫空阔无边……”

↓游览亮点

- 鱼塘相连的永昌湿地公园
- 堤岸垂柳的海埂公园
- 波光粼粼的白鱼口
- 风情浓郁的云南民族村

区 位

楚雄彝族自治州元谋县。

推荐理由

摄影爱好者的天堂，景区内到处都是高耸的土柱，千姿百态，颜色丰富。不少电影取景于此。

最美季节

11 月至次年 5 月为干季，适合去土林；4~5 月间气候干燥，阳光分外灿烂，摄影效果佳。

极致体验

可以在此住宿，拍摄日出日落时的土林，繁星映照下土林尤为美丽。

景区内有宾馆和餐厅，基础设施较为完善，但是住宿的话还是建议提前预订。

元谋绝景在土林

元谋土林，是一个童话世界，
如梦如幻，精美绝伦。
元谋土林，是一座艺术殿堂，
金碧辉煌，美轮美奂。

▲造型奇特的土林，仿若神来之笔。

“元谋有绝景，景在土林”。正是由于大自然的鬼斧神工和精心雕琢，造就了千奇百怪的沙雕泥塑和诡异迷离的地质地貌，构成了元谋土林这座令人神往的艺术殿堂。

明代著名旅行家徐霞客对土林的描述则更为具体：“涉枯涧，乃蹑坡上，其坡突石，皆金沙烨烨，如云母堆叠，而黄映有光，时日渐开，蹑其上，如身在祥云金粟中也。”

“最早的人类”生于此，长于此，终于此。170万年前，这块神奇的土地，出现迄今发现的亚洲最早的人类。150万年前，这里又形成了如此壮观震撼的土林。今天，我们虽然难以想象170万年前的人类在这里是怎样生活的，但我们仍然可以从土林的鬼斧神工中赞叹上天对这块土地的眷顾。

这样的一片土地，是金黄色的，耀眼得无法直视。这样的一片土地，是鬼斧神工的，是一个风神捏造的世界，因为它们的奇异莫测、神态多变都远远超过了人类的想象。

土林景色展现在不同的季节、不同的时间、不同的气候和不同的角度。阳光下土林造型硬朗、醒目、挺拔，一览无遗；雨雾中，土林景观似显似露，若明若暗，如柔纱缠绕的少女，朦胧含蓄。冬季，土林温暖如春，气候宜人。

走进土林，迎面而来的是各种形态的土柱，远远望去，像是石柱，然走近细看，却发现是由沙粒、黏土组成的土柱，在几百万年的岁月中，雨水冲刷、大风吹袭，将沙粒、黏土组成了这些土柱，所以称之为土林。

由于土壤中夹杂着各种矿石，因而把土林染上了土黄、赤红、灰白等各种色彩，在清晨阳光的照射下，跃然而立，千姿百态，显得格外好看。

沿着土林中的游览甬道一路走去，映入眼帘的是一处又一处难以用文字描述的土林造型。忽见前方是几座佛塔，让人在这静寂的山野中看到了一缕光亮。走上山坡，只见一处处楼观殿宇，旁边赫然写着“小西天”三字，真让人有来到西方净土之感。

一路再往前，一处处景观扑面而来。“蛤蟆鸣雨”恰似一群蛤蟆停坐在土柱上，对天而鸣，求取甘霖；“东海龙宫”又恍若来到了华丽的殿堂里；还有“玉女观云”“母子偕游”的立体群像，真可谓精巧绝伦，令人叹为观止。

漫步在土林之中，蜿蜒曲折的道路，让人的视野时而开阔，时而幽闭，步步有景，举目成趣。高大的土柱，或如长剑刺天，直指云霄；成片的土柱，犹似旷野之中的城堡群，让人兴起一种进去一窥究竟的念头；更有的土柱，像人又像动物，令游人的想象力发挥到了极致。

漫步在土林之中，映入眼帘的除了土黄色的基调之外，更有丰富的色彩。由于土林的沙砾中含有多种矿物质，使得土林呈现出灰白、粉红、浅绿、玫瑰红等各种色泽；而间或生长在土林中的绿色植物，尽管矮小，却显露出顽强的生命力，让人在荒野中感受到了生命的存在。

步入土林，仿佛置身于一个如梦如幻的童话世界。踏进土林，映入眼帘的是一幅幅精美绝伦的“壁画挂毯”，那一尊尊造型别致的岩刻沙雕，那千姿百态的造型……仿佛走进了一座“天然原始博物馆”，走进了令人神往的艺术大殿堂。

▲晚霞映照下的土林格外静谧。

游览亮点

金光灿灿的虎跳滩土林

色彩艳丽的班果土林

山光水色的新华土林

精雕细刻的浪巴铺土林

天下奇景在石林

石林，是一幅油画，
模糊而又真切。
石林，是一首绝唱，
凄美而又浪漫。

区 位

昆明市东南部石林彝族自治县。

推荐理由

典型的喀斯特地貌，千奇百怪美轮美奂，素有“天下第一奇观”的美誉。

最美季节

每年 3~10 月是云南少数民族节日最多的时节。

极致体验

著名的阿诗玛石屹立在石林中，亭亭玉立，是游人最爱的合影之地。

在彝族撒尼人的叙事长诗《阿诗玛》里，阿诗玛是个聪明美丽而又能干的农家姑娘，与阿黑哥相亲相爱，当地有财有势的热布巴拉，硬要娶她做儿媳。阿诗玛不肯，热布巴拉就派人抢她。她青梅竹马的阿黑哥和热布巴拉家斗智比武，得到胜利，终于把阿诗玛救出来。

可是热布巴拉不甘心，求崖神放水淹死他俩。阿诗玛被水冲走了，化成一尊与世长存的石像，挺立在石林深处。阿黑哥失去了阿诗玛，

▲走进石林，宛若走进童话般的世界。

但他时时刻刻想念着她，每天吃饭时，他盛着苞谷饭，端着饭碗走出门，对石崖子喊："阿诗玛！阿诗玛！"

那站在石崖子上的阿诗玛便应声："阿黑哥！阿黑哥！"千百年来，她的声音依然在石林里回荡，"日灭我不灭，云散我不散，我的灵魂永不散，我的声音永不灭。"阿诗玛那一站便成了永恒，成了一代代撒尼人的精神记忆。

她头戴撒尼包巾，身着五彩长裙，后背四方的背篓，无论风雨都深情地仰望着白云蓝天，翘首以盼，亭亭玉立，如同一座雕像一般，这便是闻名天下的阿诗玛雕像石。每年彝族的火把节之夜，相传星星月光会为阿诗玛点灯引路，穿过云海，带着向往和憧憬来到阿黑哥身边和他团聚。

那直指蓝天的参天石树梢、梦幻般奇形的溶洞，秀丽湛蓝的高原淡水湖泊，组成了大自然最美丽迷人的景色，被誉为"天下第一奇观"。

石林因其独特的地质地貌，纵观全景，因其观赏角度的不同，所呈现于眼帘的景物也随之不同，远近高低各异。登高远眺，

↓游览亮点

千年执着的阿诗玛

慈祥善良的出水观音

巍峨壮观的石屏

嬉戏打闹的青牛戏水

刀山剑海的莲花峰

石林就像一片刚刚冒出土的竹笋，远处绿树红花，映衬着灰黑色海洋般的石林，将其点缀得娇艳秀美，一片生机盎然。

走进石林，宛若走进童话般的世界，石影幢幢，有如狮蹲虎踞。林中小径，曲折通幽；林中石头，奇形怪状。从各个不同的角度展开你想象的翅膀，你会对同一石景想象出无限丰富的意境，有的石柱高耸云天，有的像狗熊追月，有的似雄鸡唱晓，有的如巨手高擎火炬，有的像塔顶盛开莲花，有的似酒翁聚谈。

这边那对依依惜别的私语者恰似恋人约会；那穿袍束带、昂首苍穹的智者，好似屈原问天。在这里你可以海阔天空地任由想象驰骋，你可以让想象张开翅膀飞翔在茫茫石林之中，你可以对你的发现任意命名剪影，赋予新的故事。

如果你想在石林做做功课，依附石林景区打造的中国石林喀斯特地质博物馆值得一看。在那里认识一下我们生活着的地球，了解地壳物质的组成、地质作用现象、喀斯特的演化，见识各种天然珍稀标本。

区 位

玉溪市江川区、澄江市、华宁县三地间。

推荐理由

中国最大的深水型淡水湖泊，湖水清澈见底、晶莹剔透，水天一色非常漂亮。

最美季节

3~9 月是抚仙湖捕捞抗浪鱼的季节，不可错过。

极致体验

沿湖边散步到旁边的笔架山，爬上山可以俯瞰抚仙湖和禄充村。

抚仙湖公园还有整个抚仙湖唯一的水上建筑遗址——澄江水陆客运站，这里是观看日落的好地方。

碧波万顷抚仙湖

抚仙湖，是一把仙琴，
抑扬顿挫是绝唱。
抚仙湖，是一层面纱，
朦朦胧胧是妩媚。

▲湛蓝的抚仙湖，度假休闲的绝佳之地。

明代著名地理学家徐霞客周游中华山水至此感慨不已，惊呼："滇山惟多土，故多壅流成海。而流多浑浊，惟抚仙湖最清。"抚仙湖水质清澈湛蓝，湖水波光粼粼，水柔似刚，似无而有，不落行迹，而又包纳万象。它恬淡而安然地守候着，让每一个来此消夏避暑的人当成心中唯美的印象。

如此仙气的名字也有一个神话的故事。传说天庭派石、肖二仙到凡间巡视，途经此地，下得祥云，石仙手扶肖仙，驻足观看，这里太美了，风景如画，五彩缤纷，湖光泛泛，烟波万顷，简直是世外桃源，美景远胜上天，被陶醉得忘记了回返天庭的时间。玉帝大怒，将二仙定住，变作了一高一矮的两座石山，因而此湖叫作"抚仙湖"。

清晨明媚的阳光落下来，湖面安静不失活泼地闪烁出千层万层波光粼粼。四周环抱的是层层叠叠的山峦，静静地欣赏着与其相伴的美丽。湖水浪漫地挽住山的巍峨，孤山静静地沐浴在湛蓝的水中。湖中有山，山间有湖；湖里的山秀美挺拔，山中的湖婀娜多姿。岸边是浓郁的滇朴以及它们在水里对称摇曳的倒影。

在抚仙湖最惬意的事莫过于以闲舒的姿势静静地躺在岸边看云，波澜轻微地抚摸着游人的肌肤，眺望云在天际间的种种变化，看云的凝聚与消散，看流云的无限纵深。当真是有一种“闲看庭前花开花败，卧看天际云卷云舒”的无限释然。

抚仙湖静静地躺在喧嚣的都市旁边，轻盈温婉的水波荡去都市人心头的烦躁和尘染。深邃清澈的湖水让你在休憩之余感受美好，让你在沉思之时激情满怀。蔚蓝的天会让你舒畅得灵魂出窍，一年四季，抚仙湖以不事张扬的沉厚积淀着让人永不厌倦的风景。

在抚仙湖上行舟，静得可以听见飞鸟在天空的鸣叫。行舟如同骑自行车只需脚踏即可，快慢完全由心情而定。虽已行至水深处，却无水汽逼人，脱了鞋坐在船边，两脚荡来荡去，水波时有时无，仿佛在与你嬉戏，仿佛坐在儿时的秋千上，看不完的美景，听不断的欢声笑语。

泰山和黄山的日出，观后眼福不浅，心境肃然，是平看；而抚仙湖日出，是从山巅婉转，又有甘露相伴，水山之间，属仰观。有诗为证：“日照湖面红一线，银丝万道波光滟。渔人摇橹不扬帆，仙境瑶池疑在滇。”

抚仙湖神秘面纱下一直给世人留有神秘的印象，关于它的千古之谜也被湖边人祖祖辈辈给留了下来。当地盛传着这样一种说法：古代的时候，抚仙湖的所在地是一个很大的坝子，在坝子的里面，有一个繁华的城池，后来一场大水将这个坝子全部淹没，从前热闹非凡的城池从此沉入水底。湖底究竟有没有这样一个城池，却还从来没有人尝试着潜入湖底进行勘探。

然而几年前，当人们发现在烟波浩渺的水面之下，还隐藏着少见的大规模古建筑遗迹时，当得知湖底那厚厚的淤泥之下覆盖着一块块巨石时，一段颇为神秘的历史就从尘封的岁月中呈现出来。

无论是形似金字塔的高大建筑，或者罗马斗兽场的神秘建筑，还是规模不逊玛雅文明的神秘之城，抑或七大千古不解之谜，这些传说本身带有一定程度的神秘色彩，再加上在传述过程中人为的加工，真实性更加令人怀疑。但有些传说却逐步取得证实，相信在不久的将来，都将一一得到证实。

↓游览亮点

人杰地灵的禄充村

捕捞抗浪鱼的明星景区

状如椭圆的孤山岛

▲蓝天白云下的抚仙湖，湛蓝纯净，波光粼粼。

天然画板红土地

区 位

昆明市东川区新田乡花石头村。

推荐理由

土地被田地和农作物分割成一个个色块，远远看去，五彩斑斓。这几年，红土地逐渐成为摄影爱好者的天堂。

最美季节

红土地最美丽的时节是 5~6 月和 9~12 月，不同的季节可以看到不同的景色。

极致体验

如果需要拍摄落霞和日出，可以在花石头村农家客栈住宿，价格便宜。

云贵高原上有一片绚烂的土地，赤橙黄绿青蓝紫，像彩虹一般，那似乎是被远古天地塌陷后燃起的天火狠狠地燃烧过，才有了如今这般艳丽到极致的色彩。在阳光的照耀下，越演越烈，日益绚烂。

鲜艳夺目的红土，层层叠叠，由山谷到山尖。放眼望去，视野之内都呈现出这一种底色，只有明暗深浅等不同层次的区分。仿佛是上帝不小心遗漏的调色板，更如一幅色彩艳丽的油画。那大片大片的红色土地，犹如被鲜血浸透的颜色，当真是震撼至极。

有人说红土地是阿诗玛被清风吹落的头帕，是七仙女遗忘在人间的仙裙，是大地裸露的妖娆红唇。那风情万种的火焰，是千般相思、万种情缘，它安静地铺展在云淡风轻的云贵高原上，徜徉在迤逦跌宕的山丘坪坝上，用它的美色留住旅者的灵魂。

晴朗的天空和起伏的山峦间蔚然飘荡着的片片青蓝，那铺天盖地苍翠欲滴的绿色，河流一样在层层梯田里洋洋洒洒，率性流淌。低矮的白房子、随形起伏的黑色的公路、一片一片黄色的花朵、成熟的庄稼在紫色的土地上庄严地沉默。在油画一样的世界里，举手投足间都自成一笔景致。

站在高处放眼望去，山川和原野呈现出一片片暗红、紫红、砖红等不同的红色，方圆数百里大大小小的山头、山坡上，油菜花与洋芋花热烈地绽放着，金色的麦浪在清凉的山风下如碧浪般翻滚，一层绿、一层白，又一层红、一层金。

想感受最真实的红土地，就要追寻农民的足迹。他们是红土地的创造者，是这里真正的主人，也是这天地间最生动自然的风景。蓝天下、红土上，他们举家劳作，牧牛而耕，身后留下的是

东川红土地，是上天
打翻的调色板，
色彩浓烈，鲜艳斑斓。
东川红土地，是一条
平铺的彩虹，
绚烂热烈，明艳耀眼。

▼鲜艳夺目的红土，层层叠叠，由山谷到山尖。

↓游览亮点

彩虹升起的落霞沟

鲜艳夺目的七彩坡

烟火袅袅的打马坎

纵横交错的月亮田

老态龙钟的千年老龙树

一串串、一行行的翻松的泥土。小孩子们也在田里，跟着大人做些力所能及的事情。那一张张朴实的面孔，每一瞥好奇的眼神，每一个憨厚的笑容，都是最真实的。

海子在纪念梵高的诗歌《阿尔的太阳——给我的瘦哥哥》中说："阿尔的太阳，把星空烧成粗糙的河流，把土地烧得旋转，举起黄色的痉挛的手，向日葵，邀请一切火中取栗的人，不要再画基督的橄榄园，要画就画橄榄收获……"

东川的红土地就是长头发的哥哥，是他被饥饿折磨得痉挛的手臂挥洒出来的愤怒的火焰，是他用生命凝成的诗歌和绘画，静静地躺在中国云南的一片大地上，在风卷云舒的恬然背景下，洗净我们的生命。

雨后第三天是红土地最美的时候，被雨水浇透的土地在阳光下色泽更为丰润。大雨之后云开雾散，艳阳高照，天空越发蓝得动人，云彩变换着不同的姿势，投在田间的光影不时幻化，每一秒钟都是一个全新的画面。

运气好的时候，还可以看到彩虹，与红土地连为一体，于是，天上一条彩虹、地上一片彩虹。行走在松软湿润的红土地上，极目眺望，那土那田在雨水的滋润下色泽果然如油般浓厚，明艳透亮，色彩分明。

红色越发浓烈，绿色更加艳丽，黄色格外耀眼，白色一片纯净……田间农民劳作的身影，一举一动都像是在创造艺术，眼看那斑斓的色块在他们的手中渐渐形成又慢慢改变，多么神奇！

▶被雨水浇透的土地在阳光下色泽更为丰润。

油菜花海醉人心

罗平油菜，是最奇特的大海，金光闪闪，清香荡漾。
罗平油菜，是奇幻的多米诺骨牌，层层递进，向你铺展而来。

参差有序的罗平花海，俯瞰而下，壮观无遗。

区 位

云南东部，滇、黔、桂交界处。

推荐理由

漫山遍野的油菜花竞相绽放，颇为壮观。

最美季节

每年 2 月中旬整个油菜花海都一片金黄。

极致体验

每年初春，罗平都会举办油菜花文化旅游节，届时不仅能欣赏美丽的油菜花海，还可观看文艺演出。

油菜花开，一朵朵成簇，一簇簇成枝，一枝枝花开，一田田金黄色，农家春色最美如斯。油菜花，不着杂色，天蓝蓝、地黄黄，花色袭人。罗平油菜花海是金色的，荡漾着清香，驻足在这样天然油菜花海中，真可谓是名副其实的“金色海洋”。

油菜花在罗平逐片绽放，漫山遍野、金浪翻滚。初春纯净湛蓝的天空下，油菜花娇羞地露出金黄的笑脸，一枝枝汇成漫无边际的花海。流金溢彩，绵延数十里，不时随着微风荡漾，宛若金浪滔滔的海洋。

登山远眺，可以看到花海周边的玉带湖、腊山湖、湾子湖像三面银光闪亮的镜子，把山色青翠的白腊山衬托得格外优美。

油菜花海里，村落点点，村寨错落有致。因喀斯特地貌引起的锥形小山堆是这里一道独特的风景线，星罗棋布般地排布在金色的花海中。圆形褐色的山包、平整金黄的花海，犹如感叹大自然的鬼斧神工，天造地设；又犹如人间仙境，构成绝妙的仙画。

真正的花海是从白腊山脚下开始的。南昆铁路显然是不愿搅动这迷人的花海，便很随意地在白腊大山的腰间轻轻一抹，为这花海镶了一条银色的边。只有 324 国道从花海中穿行，仿佛是一条海中的航线。

站在金鸡山上，金鸡峰带来气势磅礴的"全金宴"。只要登上高处，便可尽览"遍地黄金"的浩瀚景象。但见漫山遍野的油菜花铺天盖地，奔来眼底。山峰、村舍、道路、溪流……一切尽收眼底，蔚为壮观。

罗平的早晨是多雾的。那雾是白色的，湿湿的。雾像巨大无边的白色轻纱将整个 15 万亩的罗平坝子隐藏起来，花海不见了，你看到的只是白雾迷蒙。这茫茫无边无际的白雾，正是油菜花盛开所要的雨露。

白雾很轻很轻地浮荡着，愈来愈轻，愈来愈透明。环顾四周，白雾突然神不知鬼不觉地稀了松了淡了，便会听到汽车喇叭的鸣响，便会听到列车在南昆线上隆隆驶过，传过来悠扬的汽笛声。

油菜花海招蜂惹蝶，翩翩彩蝶迎花起舞，更多的是吸引了养蜂人的到来。油菜花海的路旁，集聚了不少养蜂人，蜂箱一字排开，成群的蜜蜂来回穿梭，一派闲适而恬淡的田园风光。

想要在花海里拍人的话，就不得不去位于罗平的多伊河。这里的花海随山坡梯田种植，拍出来的照片，背景层次极好。多依河柔美清幽、碧翠尽染，蜿蜒流淌在山坳中，沿着大自然铺就的、犹如层层梯田般的滩瀑溢流而下。

布依山寨散落其间，布依吊脚楼掩映在两岸的翠竹绿树中。置身于其中，简直是带你回到了那诗人笔下的古典幽静村落中，极富诗意与美感。

每到新春佳节，金黄的油菜花在罗平县城怒放。在这里，你能够体会到油菜花的另一种意韵。漫步于金灿灿的花田里，或与心爱的人在层层叠叠的花海中牵手合影，或独自欣赏那一片花浪……花不醉人人自醉。

游览亮点

- 蓝天碧水的九龙瀑布
- 处高望远的金鸡岭
- 山水秀美的多依河
- 小巧精致的螺蛳田
- 峭拔奇秀的白腊山

▲柔美清幽的多依河，碧翠尽染，蜿蜒流淌。

区 位

迪庆藏族自治州德钦县西边约 20 千米的横断山脉中段。

推荐理由

藏地八大神山之首，其“日照金山”景观是很多游人梦寐以求的胜景。

最美季节

每年 10 月至次年 5 月，可以拍摄日月同辉和日照金山的美景。

极致体验

雨崩是一条经典的欣赏雪山美景的徒步路线，沿途有冰湖、雨崩神瀑等美景。

魂牵梦萦的梅里

梅里雪山，日照金山，
八大神山之首，壮美宛若仙境。
梅里雪山，温柔肃穆，
福荫雪域高原，庇护藏族同胞。

▲山下是一派悠闲的田园牧歌。

晨曦，众神觉醒，无意中发现，那琳琅满目的山的世界，如春天萌芽的笋，一排排生长出来，直插云霄，云雾缭绕、千奇百态，充满着蓬勃旺盛的生命力，充满着韵律感。众神会心一笑，从此，居住于此，这就是梅里雪山。

一千个人的眼里可以有一千个丽江，但一千个人的心中只会有一个梅里雪山。当你一脚踏进雪山的时候，仓央嘉措的诗句在脑海中油然飘荡："那一天，我闭目在经殿的香雾中，蓦然听见你诵经中的真言；那一月，我摇动所有的经筒，不为超度，只为触摸你的指尖；那一年，磕长头匍匐在山路，不为觐见，只为贴着你的温暖；那一世，转山转水转佛塔，不为修来世，只为途中与你相见。"

人们不会选择攀登梅里雪山，他们选择站在高高的观景台上远观梅里。他们更喜欢看到雪山的壮阔，看到13座雪峰的巍峨与骄傲，直至被神圣的气息染遍全身，拜服于自然的魔力之下。

雾浓顶观景台因位于雾浓顶村而得名，距白茫雪山垭口23千米，是拍摄梅里雪山全景的最佳位置。现在极少有游人造访，倒是摄影爱好者驻扎时间会久一点，就等着梅里雪山和老天爷都赏脸的时刻。

飞来寺的出名，完全是因为能观赏梅里雪山的风景台。游人常常等着日出，夏至前后是早上6点左右，冬至则在上午8点左右。

13座海拔6000米以上的雪峰一字排开，宛若雪神的仪仗队。农历七月中旬至九月初，还有机会拍到日出之时月亮立于雪山峰顶的画面。

梅里雪山又称雪山太子，位于云南横断山脉中段怒江与澜沧江之间，平均海拔在6000米以上的山峰有13座，称为“太子十三峰”。主峰卡瓦格博峰海拔高达6740米，是云南的第一高峰。在藏文经卷中，梅里雪山的13座高峰，均被奉为“修行于太子宫殿的神仙”，特别是主峰卡瓦格博，被一些人尊奉为“藏地八大神山之首”。

早在20世纪30年代美国学者就称赞卡瓦格博峰是“世界最美之山”。山下的取登贡寺、衮玛顶寺是藏族同胞朝拜神山的寺宇，因为人们相信它是藏传佛教宁玛派分支伽居巴的保护神。其峰形有如一座雄壮高耸的金字塔，时隐时现的云海更为雪山披上了一层神秘的面纱。

卡瓦格博峰是藏传佛教的朝觐圣地，信徒围绕卡瓦格博神山的转经活动，至少已持续了700多年。每年的秋末冬初，藏族同胞牵羊扶拐口念佛经绕山焚香朝拜（转经）的场面，令人叹为观止。

梅里的日照金山，就连当地人一年也见不到几次。晴日凌晨，当太阳光越过阻碍突然照射在雪山顶上，然后逐渐扩大范围，用金色笼罩住整座金山。日照金山的奇观大约持续20分钟，直至雪山颜色变白。

卡瓦格博峰的南侧，还有从千米悬崖倾泻而下的雨崩瀑布，在夏季尤为神奇壮观。因其为雪水，从雪峰中倾泻，故而色纯气清；阳光照射，水蒸腾若云雾，水雾又将阳光映衬为彩虹。雨崩瀑布的水，在朝山者心中也是神圣的，他们潜心受其淋洒，求得吉祥之意。

梅里雪山，洗涤了灵魂。仰望雪山，有人双手合十，有人张开双臂，有人泪流满面。“梅里雪山就是这样一座山，一见就热泪盈眶，就想哭，就想发誓，就想大吼一声，就想大爱一场。”人们在心底祈祷，愿这美好的瞬间，永无止境，化为永远，愿大自然与人的契合，使之成为世外桃源。这就是令人魂牵梦绕的眷恋之山。

↓游览亮点

- “雪山之神”卡瓦博格峰
- 景观绝佳的飞来寺
- 千姿百态的明永冰川
- 缥缈朦胧的梅里十三峰
- 人间仙境雨崩村
- 美丽的雨崩神瀑

▼隐藏在雪山脚下的雨崩村一片绿意盎然。

童话公园普达措

普达措，是天然氧吧，
每一次呼吸都带着清新。
普达措，是人间仙境，
每一处景色都带着仙气。

区 位

迪庆藏族自治州香格里拉市建塘镇红坡村。

推荐理由

既有明镜般的高山湖泊、水美草丰的牧场，也有百花盛开的湿地和茂密的原始森林。

最美季节

夏季看花海，秋季看缤纷。

极致体验

属都湖沿湖有 3 千米长的木栈道，可徒步环湖而行，多角度欣赏湖光山色。

繁花的季节叩开心灵的窗扉，风轻云淡、阳光明媚的日子漫步于美丽的普达措，漫步于苍树繁茂的山涧沟壑，四处寻寻觅觅奔波的心灵，此时得到无限的静谧。如果说，泸沽湖给予的是浪漫之美，卡瓦格博给予的是敬畏之美，那么，普达措给予的便是一种荒野之美。不论是浪漫之美、敬畏之美还是荒野之美，滇西北的美丽都是一种浑然天成的大气之美、静谧之美。

“普达措”是梵文音译，意为“舟湖”，是“碧塔海”的藏语原名，最早文字记载见于藏传佛教噶玛巴活佛第十世法王所著《曲英多杰传记》。书中记述，有一个具有“八种德”的名叫“普达”的湖泊，

僻静无喧嚣，湖水明眼净心。湖中有一形如珍珠装点之曼陀罗的小岛，周边是无限艳丽的草甸，由各种药草和鲜花点缀。山上森林茂密，树种繁多，堪称天生之“普达胜境”。

普达措的树苍翠挺拔，盘虬卧龙，各具情态。属都湖边总守候着多情的苍树，弯曲的枝干轻轻荡抚被微风吹得碧波涟漪的湖水，此时，属都湖变得更加娇羞妩媚。

属都湖是一个充满诗情画意的地方。春夏季节，湖畔四周百花盛开，一片片杜鹃花丛映红湖面，各种知名的不知名的野花繁星似的从厚厚的草甸里钻了出来，贴着地面微笑。湖岸边，绿色的牧场里炊烟袅袅、牛铃声声，充满着人间的妩媚与柔情，自然而含蓄。秋冬季节更是令人陶醉，山上一片片白桦林满身金黄，于是，红的、白的、金黄的、翠绿的，各种颜色，交相辉映，白色的云朵映衬着淡淡的晨雾，在碧蓝如洗的湖心中，构成一幅幅平静而富有诗意的图画。

属都湖的的确确是一个神奇而美妙的地方。牧草，长不过一寸，都非常丰美，夏季在这里放牧，牛在草地里吃了一会儿草就躺下睡觉了，这在别的地方是很少见的，奶牛产奶量大而且浓度

▼妩媚而柔情、自然而含蓄的属都湖。

▲风姿卓越、静美安详的碧塔海。

高，产酥油茶的比例也很高，做出来的奶酪很结实。

碧塔海是普达措的精华所在，这里也是普达措最高的地方。在这个高原上，生长着密密丛丛的冷杉，形成一片风姿绰约的森林。被森林包围的，便是明镜里的碧塔海。它美丽而不张扬，静静地躺在群山环抱之中，深蓝深蓝的，倒映着蓝天白云。清澈的湖水安安静静地睡着，连风都吹不动它的肌肤。微微荡起涟漪的时候，它一定是轻轻地睁眼了，而后又半睁半闭地睡下了。

高原的季节情到最浓时，五彩的杜鹃便一时怒放开来。多情的风儿轻轻将杜鹃花瓣吹落于碧塔海荡漾的碧波中，湖中多情的鱼儿吞食被风吹落湖中的杜鹃花瓣，鱼醉了。于是，人们给它取了富有诗意的名字——杜鹃醉鱼，这想必是普达措的奇景。

普达措，这个天蓝地阔、山清水秀、天人合乐的和谐家园，不但有完好的自然生态环境，而且更突出原生态民族与自然的融和共生。在这个千百年来藏族用传统文化理念营造出的人间胜景里，看见了他们脸上快乐的微笑，这种笑是从他们心里盛开出来的，没有一点点的杂质。

↓游览亮点

- 清如明镜的碧塔海
- 水美草丰的牧场
- 百花盛开的湿地
- 飞禽走兽的原始森林
- 神奇美妙的属都湖

区 位

香格里拉市南部沙松碧村与丽江市石鼓镇之间。

推荐理由

江水平缓如镜，两岸是江南水乡一般的青山、农田和村镇，大气震撼。

长江第一湾还是联结虎跳峡、老君山、梅里雪山等景区的枢纽。

最美季节

秋季秋高气爽，气候宜人；酷夏可乘凉避暑，十分惬意。

极致体验

可在石鼓镇参加长江第一湾漂流。

拍长江第一湾的最佳位置是石鼓镇背后的高山上。

万里长江第一湾

长江第一湾，是一道优雅的弧线，
弯出了深邃。
长江第一湾，是一段沧桑的岁月，
留住了安详。

在唐古拉山格拉丹东圣洁的冰峰下，一股清泉历经千回百转，穿过玉龙雪山和哈巴雪山，飞跃虎跳峡，浩浩汤汤，一泻万里，成为著称于世界的第三大河流——长江，这就是长江之源——金沙江极富哲思的运动历程。然而，有谁能相信金沙江这一壮丽行程却是缘于一个舒缓柔美的水湾——长江第一湾！

民间有传说：怒江、澜沧江和金沙江三姐妹结伴出游，半途发生争执，大姐、二姐固执地从长江第一湾处往南走，三妹金沙姑娘立志要到太阳升起的东方寻找光明和爱情，到石鼓后，告别两个姐姐，毅然转身东去。金沙姑娘转身处，就形成了长江第一湾。

“金沙姑娘转身”的地方呈现一片娴静秀丽的江南田园景象，江岸各村落世世代代居住着纳西族和汉族村民。因气候条件适宜，物产丰富，又因山川之阻碍，民间少有以商业为生者，所以一直处于自给自足的经济状态，保持着古朴的民间习俗。

村落倚山临江，民居以瓦房四合院和三坊一照壁为主。绿树掩映，清泉过门。梯田就分布于房屋四周，层层顺地势而垦，四季都可栽种，少有荒芜现象，堪称锦绣田园。在桃花、杏花盛开之际，清波映衬出花影，细雨滋润成花雨，嫩柳枝条拂弄着江水，令人心旷神怡。在日落之际，落日余晖映在江面上，波光似幻境，一片辉煌。

▼绿树掩映、清泉过门、梯田分布的石鼓镇。

▲舒缓柔美、两岸夹流的金沙江。

长江流至沙松碧一带，水势宽衍，江水青幽，两岸青柳成行。这里是看长江第一湾落日的极好处所，登临沙松碧村之后的小山，长江第一湾尽收眼底。夕阳下，江面金光耀眼，斑斓无比，耀眼的金光映得四山金黄，而观者也笼罩在金光之中。渔舟往来于青江之上，渔网抛撒处，金珠飞溅，景色奇美。沙松碧对岸，便是著名的历史名城——石鼓镇。

这是个神奇的地方，有许多美丽的传说，相传丽江木天王曾在这一带藏有宝物，并留有一首诗，诗云："石人对石鼓，金银万万五。谁能猜得破，买下丽江府。"诗中所言的"石人"即在沙松碧村北一里处，江边有一人形岩石，江水枯季方能看到。

伫立岸边，手掬江水，一部由长江冲刷出来的历史画卷在胸中翻飞上演。"江流到此成逆转，奔入中原壮大观"，刀光剑影，鼓角齐鸣，赤壁鏖战，烽火狼烟，中华史诗在第一湾孕育的长江边吟唱得何等悲壮惨烈！

人们常说，命运是一种选择。第一湾的聪慧在于它的"回头是岸"，如果金沙江不改道而一直向南流，那么它的排名将和澜沧江一样平庸。改道后的长江，因为第一湾的伟大转折，两条江的入海口居然相隔了大约3000千米，这"一念之差"使得长江由平凡而走向伟大。

↓醉美景点

兵家必争之地的石鼓镇

无头石身的禹将石

长江第一湾奇观

区 位

香格里拉以北 5 千米的佛屏山下。

推荐理由

云南地区最大的格鲁派寺庙，也是川滇一带的格鲁派中心。雄踞整个山坡，金碧辉煌，规模宏大，素有“小布达拉宫”之誉。

最美季节

春秋景色最美。

极致推荐

每年的藏历十一月二十六日至二十九日是香格里拉地区的格冬节，松赞林寺会举办盛大的跳神活动，热闹非凡。

松赞林寺袅袅烟

松赞林寺，有修行得道的高僧，
念诵着那亘古的佛经。
松赞林寺，有虔心侍奉的信徒，
日复一日地敲击着木鱼。

▶松赞林寺建筑金碧辉煌。

松赞林寺，一如那修行得道的高僧，在历史的轮回中，在沧桑的岁月里，念诵着那亘古的佛教经典。阵阵敲击木鱼的声音，千百年来一直在祥云笼罩的上空回荡。当夕晖已然褪尽，只有他依然身披一袭袈裟双手合十在虔诚的信徒心中，洒下那普度众生的佛光。

松赞林寺又称为“归化寺”，是一座古镇规模的古堡群建筑，被誉为“小布达拉宫”。因其集藏族造型艺术之大成，又有“藏族艺术博物馆”之称。

松赞林寺建筑荟萃了藏族宗教文化的精华，建筑金碧辉煌。造型丰富多彩的镀金铜瓦，殿宇宝角兽叠飞檐，扎仓大殿宽敞恢宏，殿中供奉着诸多佛像，西厢的壁画雕饰精美琳琅。

现在的松赞林寺内有清泉淙淙，春夏不溢，秋冬不涸，并能常见一对金鹭出入。扎仓、吉康两大主寺建于最高点，居全寺中央。松赞林寺内历代珍品众多，有八尊包金释迦佛像、贝叶经、五彩金汁精绘唐卡、黄金灯。全寺收藏有《丹珠尔》十部，其中两部为金汁手书，以及各种精美鎏金或银质香炉、万年灯等。

走进松赞林寺，跨入大殿的门槛，走过香火弥漫的诵经堂，一曲一拐，登上了藏经楼。举手投足之间，都格外谨慎小心，生怕自己的贸然造访，惊扰了佛神的清净。转动着排列整齐的大大小小的经轮，触摸着佛意，心底的肃穆与虔诚已经油然而生。

斑驳城墙的砖石，在琉璃瓦醒目的色彩映衬下，营造出一片清净庄重的祥和。

当天空依旧湛蓝、白云依旧飘逸、清风依旧撩人之时，伫立在松赞林寺，禅意总会缥缥缈缈地在胸中升腾。或许这就是禅意的力量，让你在瞬间就完全被它俘获，似遁出了纷纷扰扰的红尘俗世，有的只是内心的空灵纯净与安谧。

在骄阳下，身着藏族服饰的男女信徒，正面对这大殿，不断重复着朝圣动作。他们用自己的肢体，诠释着对理想信念的痴迷与憧憬。衣衫褴褛，但是庄重的神情，以及眼神中的那份执着与坚定，让人心生敬意的同时，也伴随着更多的敬畏。

或许我们这些俗世之人是永远感受不到他们思想的脉动的。此情此景，不禁让人心存疑惑：信徒的虔诚究竟能否打动佛呢？这些都不得而知，其实也不必知道。世间的纷繁又有谁能说得出个子丑寅卯来呢？或许生活中有一些精神的寄托，就会让自己过得更加充实和美好。

当一切已经久远的时候，那随风飘飞的经幡，似乎还在家家户户的屋顶上，在随处可见的玛尼堆上，吟诵那千年的佛语。寻访千年古寺的脚步，不散的是那些朝圣的身影；寻访千年古寺的脚步，不去的是那些袅袅的檀香。

↓游览亮点

- 宽敞恢宏的扎仓
- 高高矗立的吉康
- 高矮错落的僧院
- 庄严肃穆的佛像
- 琳琅满目的壁画
- 清泉不涸的拉姆央错

◀斑驳的砖石，在琉璃瓦醒目的色彩映衬下，毫无颓败之意。

玉带铺就苍山雪

苍山，是玉砌的银色世界，
银装素裹，苍茫一片。
苍山，是繁花似锦的花山，
苍翠欲滴，艳丽一片。

区 位

大理市大理古城西侧。

推荐理由

蔚蓝洱海旁 19 座翠意连绵的山峰，云、雪、溪风光绝美。

最美季节

3~5 月最佳，苍茫雪山间杜鹃盛开。

极致体验

山上建有三条索道，可乘索道上山。也可以步行上山，天龙八部影视城西侧，建有登山步道。

雄峙嵯峨的十九峰，由北而南，连绵不绝，巍巍耸立在洱海西岸。苍山，这滇西高原的恒久主人，这掩映在云霭霞雾中的天之骄子，在冰雪的浸润下，显得分外清秀雄奇。“炎天赤日雪不融”，终年积雪的苍山，每两峰之间都有一条溪水，由上而下，顺东流淌，缓缓汇聚，孕育了高原明珠——洱海。这十九峰十八溪，不仅构成了苍山独特多姿的景观，而且孕育了悠久灿烂的白族文化。

十九峰背负青天之高远、千年历史之厚重，映衬着一种最独特且最神奇的生活方式。在巍峨高峻的点苍山雄浑的身上，镌刻着那久远的逝去时光。苍山如画屏，将它的东西两侧分割成截然不同的两种气派。

▲传说苍山玉带云出现的次数越多，当年就越会风调雨顺，农业丰收。

苍山雪，相传古代瘟神在大理横行霸道，使得人们“十人得病九人亡”。有一对白族兄妹为拯救百姓，在观音的指引下学法将瘟神撵到苍山顶上，让大雪冻死。为了让瘟神永不复生，妹妹变作雪神，永远镇住苍山上的瘟神，于是苍山雪人峰就有了千年不化的白雪。

苍山云，最神奇的是“望夫云”和“玉带云”。所谓“望夫云”是指每当冬春时节，苍山玉峰顶常会出现一朵孤单的白云，上下飘动。奇特之处在于，它一出现，苍山便突然刮起暴风，吹向洱海。

所谓“玉带云”是指每当夏末秋初、雨后初晴，苍山十九峰半山间往往会出现白云朵朵。奇妙的是，“玉带云”会预兆农业丰收：它出现次数多，当年就会风调雨顺。

苍山的泉，以蝴蝶泉为最，泉与山是密切相关的，山是一个沉默的庞大个体，而泉水则是山在隐秘处不停吐出的呓语。蝴蝶泉水流入山溪，最终流进洱海，因此洱海也应该是一眼巨大的泉。洱海之语是一种天音，需用心方可听见。这就是洱海与苍山的关系。

▲绿荫下的蝴蝶泉，彩蝶翩翩，趣味盎然。

蝴蝶泉中，清澈的泉底铺满了晶莹的卵石，汩汩的泉水，不停地从细细白沙中漫涌而出，却永远也不会搅乱这个小小泉池中的安宁与透彻。那些吐出水面的美丽轻盈、晶莹透亮的气泡，是不是那些遥远的有关爱情的歌声?

一个小小的蝴蝶泉，掩映在一树绿荫中，又寄托了世上多少人的神往与遐思？枝叶婆娑，苍劲的夜合欢伸出一片清凉和一团幽幽的清香。清凉的合欢树下讲述的仍然是那个火热的爱情故事。

苍山有十八种性格，苍山有十八种柔情。四季之下，色彩斑斓、形态各异的花是苍山绚烂燃烧的情感，而这作为冰的消融与雾之凝结的水，该是苍山不灭的灵魂了。如果没有这充盈溪水的滋润，苍山以及它所统领的一切，也就失去了所有的诗意。

苍山形胜，莽莽苍苍，大气磅礴中尽显阳刚之气；洱海碧水，浩浩荡荡，舒卷起伏中充盈阴柔之秀。大理作为名胜之地，其性格莫不在这山水的交融之中。“西南雄阔地，点苍冠群山。”这一千古名句，再一次成为苍山十九峰这大理数千年历史的永恒注解。

↓游览亮点

- 妩媚柔软的玉带云
- 变幻莫测的望夫云
- 水清石丽的清碧溪
- 清泉辉映的蝴蝶泉
- 虚幻神秘的七龙女池

区 位

红河哈尼族彝族自治州元阳县，哀牢山南部。

推荐理由

梯田依地势层层相叠，经常被雾气笼罩，日出时形成霞光万丈的奇景，美得摄人心魄。

最美季节

每年 11 月至次年 4 月是梯田景色最佳的时节。雨天和雾天看梯田效果不好，去之前最好查查天气。

极致推荐

每年秋收后梯田都会灌满水，此时的梯田层次感强，波光粼粼，是摄影的好时节。

元阳梯田似丹青

元阳梯田，是一幅水墨丹青，
静谧悠然，令人陶醉。
元阳梯田，是一部田园史书，
直观厚重，令人着迷。

“在远古的时候，是谁第一个开出了梯田？是那哈尼的祖先哈海和伍兴两弟兄。在远古的时候，是谁第一个挖出了大沟？是那哈尼的祖先阿嘎和梅因。在远古的时候，是谁第一个栽出了秧苗？是那高能的阿孃和虾奔……”这是哈尼寨子里流传的歌谣，是每一个行走在梯田间的人都能听到的歌声。

空气中弥漫泥土的芳香，微微的凉意将思绪无限延伸。拥着大地的气息，静静等候晨曦的到来，难以遏制对元阳梯田的膜拜。置身其中，世界里只剩下了这样的感慨。弯弯曲曲的梯田随山势地形飞扬在千壑万岭间，大田小田参差错落，橘红色的霞光晕染水田，田畔雾气缭绕的树林，忽隐忽现一抹翠绿或羞红。

置身于元阳梯田，放眼四周，总能感受到强烈的震撼。元阳梯田储藏的魅力，是天地合一造化的人与自然和谐的画卷，无疆的爱将人的心灵净化。

用爱浇铸的每一步棋，这是捧在手掌上的心，谁能掂量出这心的轻重！哈尼人的祖先用智慧开创了巧夺天工的元阳梯田，一代传承一代，不正是层层传递下来的爱吗？绵延的爱，从山寨走向梯田，向哀牢山深处散开，红河在世界的眼里并不遥远。

云雾渐渐散往山谷，清晰地露出了银白的梯田，雾从梯田的边缘升起，好像无数的手臂捧着浓妆淡抹的田野。霞光穿过云海投射到梯田上，波光粼粼的梯田泛起点点碎金，田棚犹如撑开了风帆的船。

▼云雾腾绕下的梯田村庄，恍如仙境。

斜插山谷的霞光，好似仙人乘着彩云而至，一时间，雾起云涌，蓝色的雾纱缠绕在哀牢山的脖颈上，天籁之音从山野冒起。天空蝶泳霞的羽纱，山峦伸开强有力的臂膀，左搂着雾海的迷幻神光，右抱着梯田的七彩花蕊。

▲傍晚，晚霞辉映梯田，层层尽染，美不胜收。

绵延不绝、高低错落的元阳梯田，层层环抱着山脊，从山脚盘绕到山顶，大如曲池、小似碎镜，形状各异，各具特色，阡陌相连，层层叠叠。从高处远望，梯田的优美曲线一条条、一根根，或平行或交叉，蜿蜒如春螺、披岚似云塔，展示了动人心魄的曲线美。

梯田的景致变幻无穷。清晨，在阳光的照耀下，梯田流光溢彩，熠熠生辉。傍晚，晚霞辉映梯田，层层尽染，美不胜收。艳阳高照时，大小梯田散落山间，犹如“大珠小珠落玉盘”。雾锁时分，梯田湮没在云雾之中，时隐时现，宛若处子的娇羞。

清晨观看梯田的最佳位置在一个叫依胜村的地方，那里视野开阔，可以充分领略云海的神奇和美妙。

最值得看的是老虎嘴一带，那里的梯田立体感最强，坡度最陡，所以颜色的层次感也最强烈。而在龙树坝的梯田，却完全是另一番风情，少了几分壮阔，而多了一些小巧与艳丽。

龙树坝梯田因为水中含有的营养成分跟其他地方的梯田不一样，所以浮萍最多，以红绿黄为主，故色彩艳丽，是拍近景及爱好徒步人士的极佳去处。

↓游览亮点

气势磅礴的老虎嘴梯田

观赏云海的多依树梯田

线条立体的坝达梯田

古老的箐口哈尼民俗村

区 位

文山壮族苗族自治州丘北县城西北。

推荐理由

世间罕见、中国独一无二的喀斯特山水田园风光。

最美季节

最好是 5~10 月，尤以 7~8 月荷花盛开时最佳。

极致推荐

夏季来普者黑，可以参与当地的打水仗活动。

如果正好在火把节（农历六月左右）和花脸节（农历二月左右）来到这里，可以亲历一场狂欢。

荷塘月色普者黑

普者黑，是如江南般的荷塘，
荷塘月色，鱼戏莲叶间。
普者黑，是如《爱莲说》的洁莲，
出淤泥而不染，濯清涟而不妖。

普者黑弥漫着浓郁的神秘气息，单单听到这个名字，有点令人百思不得其解。其实普者黑在彝语中意思是“虾米多的地方”。这是个给人一种无边无际想象空间的名字，像夜色一样博大。

普者黑有着非常美丽的田园景观，有着万亩的荷花，每天都有热闹的泼水狂欢，有着浓郁的民族风情。普者黑的山生得小巧秀气，充满灵性，似是那盛传在江南的盆景一般。

普者黑的水清澈见底，水生植物经脉毕现，鱼虾历历可数。远看普者黑的水宛若明镜，清灵地折射着青天白日。登高眺望，又宛如串串珍珠，更似和田玉般熠熠生辉。

普者黑有山必有水，有山就有洞。这些溶洞美在洞水相连。游荡其间，只见山中有水、水中有峰，山中藏洞、洞中藏水，水下观峰峰更奇。石钟乳琳琅满目瑰丽多姿，晶莹透亮色彩斑斓，形态各异，雄伟壮观。

“江南可采莲，莲叶何田田。鱼戏莲叶间，鱼戏莲叶东，鱼戏莲叶西，鱼戏莲叶南，鱼戏莲叶北。”这首题为《江南》的汉代民歌，写的是江南的荷塘荷叶荷花。然而当你行游在普者黑的时候，会立刻体味到江南荷叶田田的美景。

普者黑之荷是在向人们展示她的洁白美丽。这里的荷花都不是人工种植的，而是千年的野生荷，生命力很强，花期比较久，透出冷冷的野性之美！微风吹拂，荷花点点，暗香袭来，如情窦初开亭亭玉立的少女，如待嫁闺中一夜未眠的姑娘，如刚刚出浴的美人，又如梦中初醒的贵妇……那些盛开的、含苞待放的，洁白的、浅红的荷花，会让你浮想联翩，驻足忘情。

▼万亩荷花绽放，游船其中，一股清香之气萦绕不去。

石钟乳琳琅满目瑰丽多姿，晶莹透亮色彩斑斓，形态各异，雄伟壮观。

荡舟在荷花湖里，别有一番风趣。水波荡漾，荷叶招展，荷花飘摇。摘下一枝或洁白或粉红的荷花嗅嗅，感受它的芬芳，感受它的美丽迷人。南朝的《西洲曲》中："采莲南塘秋，莲花过人头。低头弄莲子，莲子清如水。"说的正是此时此景。

千百年来，有多少文人墨客对莲心驰神往、魂牵梦萦，或挥毫泼墨，或浅唱高歌，从而留下了浩如烟海的荷花文化。宋朝周敦颐的《爱莲说》写道："予独爱莲之出淤泥而不染，濯清涟而不妖，中通外直，不蔓不枝，香远溢清……"文人们如此讴歌荷花，除了它的美丽，还都因为荷是"花中君子"和"出淤泥而不染"的高贵品质。

白天的普者黑是动感的、生猛的，目不暇接、猝不及防的，让人心狂跳不止；夜晚的普者黑是古典的、散淡的，画意诗情、销魂蚀骨、牵肠挂肚的，让你挥挥手要走了，还一步三回头地心醉。只因每年农历六月二十四日的"火把节"。节日的晚上，荷花飘着清香，当地人举着火把围在一起载歌载舞，把节日气氛推向高潮。

↓游览亮点

- 高山淡水的普者黑湖
- 怪石挺立的普者黑溶洞
- 郁郁葱葱的青龙山
- 苍茫的舍得草原
- 鸟语花香的摆龙湖

PART 5

风物

如果提起一个地方，脑海里就能想到一件东西，一个事物，那么这些便是风物。七彩云南有着众多特别的风情事物，高傲的孔雀会绽放出美丽的雀屏，滇金丝猴愿意为你露出调皮的笑，三道茶能让你品味出人生的酸甜苦辣……

孔雀之乡孔雀舞

孔雀鸟，吉祥之鸟，
傣族同胞热爱它、崇拜它、模仿它。
孔雀舞，优美之舞，
舞者神情兼备，美得令人窒息。

孔雀被誉为“百鸟之王”，云南被誉为“孔雀之乡”。孔雀有着优雅的造型，漂亮的羽毛，是大自然一种神奇的禽鸟，给人们的生活带来不尽的享受。孔雀开屏，绚丽多彩鲜艳夺目晶莹闪光满目生辉，平添了多少人们的欢乐。

孔雀不时抖动着翅膀的美丽，也不时发出悲凉的鸣音，令人想起了东汉乐府叙事诗《孔雀东南飞》中“孔雀东南飞，十里一徘徊”的著名诗句。

舞蹈艺术家杨丽萍女士的舞蹈源于对孔雀和家乡的热爱，创造的孔雀舞可谓登峰造极，使孔雀不尽的美丽得以完美阐释。

云南的傣族是一个能歌善舞的民族。傣族的民间舞蹈优美、朴实、含蓄，舞姿富于雕塑性，因此傣族的舞蹈，既有动态的韵律美，又有造型的静态美。

孔雀被傣族人视为吉祥之鸟，可以带来幸福，孔雀舞也是傣族人民的民间舞蹈。傣族人民热爱孔雀，经常模仿孔雀漫步、追逐嬉戏、抖翅、拖翅、登枝、开屏、飞翔等动作，久而久之就形成了孔雀舞。

傣族民间传统的孔雀舞有着很长的历史，并被纳入了宗教的礼仪之中。因此，每年的佛教节日和迎接新年时，都一定要表演孔雀舞。至于为何要表

最佳观赏地

云南西南部傣族聚居区。

推荐理由

尾屏鲜艳美丽，体态优雅多姿，寓意吉祥。

极致体验

傣族人民模仿孔雀的优美姿态而学舞，可以一观。舞蹈有严格的程式，其中有丰富多样、带有寓意的手形与各种跳跃、转动等舞姿，伴随着优美的“三道弯”躯体造型，塑造孔雀“林中窥看”“漫步森林”“饮泉戏水”和“追逐嬉戏”等神态和自然情景。

▲ 孔雀开屏，缤纷绚丽如大自然的朵朵奇葩。

演孔雀舞，还有着一段优美的传说。

据说，在很古老的时候，孔雀的羽毛并非像现在这样五光十色，也没有那美丽的“圆眼”羽翎，只因它驯良、温顺而被人喜爱。一次，在当地举行小乘佛教“摆帕拉”宗教节日庆典时，听说佛祖为此下凡此地。

为能得到佛光的普照，虔诚的信徒们纷纷赶到寺院，把佛祖围得水泄不通。有一只栖息在遥远天柱山上的雄孔雀得知佛祖下凡的音讯后，急忙赶往寺庙，可惜已经太迟，无法靠近佛祖，而在人群外急得团团打转。

孔雀的虔诚之心被佛祖察觉后，便向孔雀投去一束佛光。不巧这束神力无比的佛光，只落在了来回奔跑的孔雀尾部，使雄孔雀尾部的根根羽翎霎时缀上了镶有金圈的“圆眼”纹图案，就是现在人们所见到的样子。

佛祖离去时，特意叮嘱孔雀，在明年的“摆帕拉”节时再见。从此以后，每当“摆帕拉”节，佛祖释迦牟尼便会高坐于莲花宝座上，接受人们朝拜之后，观看从天柱山赶来的孔雀向佛祖献演的孔雀舞。

同时，孔雀也将向人们展现佛祖赐予它羽毛的异彩。从此以后，每当宗教节日和年节庆典，人们为了敬佛和祈求吉祥，都会表演民间传统的孔雀舞。

如今为了弘扬孔雀文化，云南野生动物园会于每年的 4 月举办云南孔雀文化节。每届孔雀文化节都有近万只孔雀和国内外游客见面，其中包括极为珍稀的绿孔雀。孔雀文化节每届为期一个月，堪称最大规模的孔雀展示、开屏盛会。

Tips

孔雀开屏：孔雀开屏是为了求偶和防御。所以说，孔雀开屏，既是一种生殖行为，同时也是一种防御行为。游客切不要因为想看到孔雀开屏而做出一些伤害孔雀的不文明举动。

▶ 身姿妖娆的孔雀舞者，如梦如幻的孔雀舞。

颜值担当金丝猴

滇金丝猴，是高山的精灵，生就一副好皮囊，憨态十足；
滇金丝猴，是滇藏的隐士，成长地人迹罕至，不为人知。

▶滇金丝猴时常出没的苍茫雪山。

最佳观赏地

迪庆藏族自治州德钦县白马雪山、维西县塔城镇滇金丝猴国家公园。

推荐理由

中国特有物种，世界上栖息海拔高度最高的灵长类动物。

绝大多数现存灵长类动物都生活在被人们称为动植物王国的热带雨林之中。那里气候温暖、食物丰富，大自然为它们的生存提供了优越的栖息环境。因此不论是普通百姓还是专家学者，一提到灵长类，总是把注意的焦点放在四季常绿的热带雨林上。

可是，在我国滇藏交界处雪山峻岭之巅的高寒森林中，却生活着一种鲜为人知的珍稀灵长类，这就是我国特有的世界珍奇野生动物——滇金丝猴。它们具有一张最像人的脸，面庞白里透红，再配上它那令当代妇女羡慕的美丽红唇，堪称世间最美的动物之一。

滇金丝猴虽名为“金丝猴”，实际并无金黄色的毛。它还是地球上最大的猴子，体重可达30公斤，且生态行为极为特殊，终年生活在冰川雪线附近的高山针叶林带之中，哪怕是在冰天雪地的冬天，也不下到较低海拔地带以逃避极度寒冷和食物短缺等恶劣自然环境因素，对农作物也总是“秋毫无犯”，因而是灵长类中最有趣的物种之一。

滇金丝猴头顶有尖形黑色冠毛，雌性个体较雄性小。眼周呈青灰色或肉粉色，鼻端是深蓝色。毛色比较单调，背、体侧、四肢外侧和尾部均为棕灰、灰黑色，毛长达23厘米。喉、颈、上肢内侧、臀部为白色，胸部乳白，腹部橘黄色。

有关滇金丝猴的研究可以追溯到一个多世纪以前。1871年，一个名叫“大卫”的法国人根据传闻报道了这种当时尚未科学命名的动物的存在。1890年冬季，两名法国人索利和彼尔特在德钦县境内组织当地猎人捕获7只年龄性别不同的滇金丝猴，将其头骨和皮张送到巴黎博物馆。

法国动物学家米尔恩·爱德华于1897和1898年两次对这一物种给出科学描述，并正式命名。但从那以后，这一神秘的动物便杳无音信，人们还以为它早已绝灭了呢！

我国科学家对滇金丝猴的研究是从1960年以后开始的，当时在德钦县收集到8张滇金丝猴皮才证实了它的存在。但真正对它的实地科学考察则始于20世纪70年代末，那次才首次获得3个完整的标本，从而揭开了它那神秘的面纱。

自滇金丝猴成为1999年昆明世界园艺博览会的吉祥物之后，它的知名度急剧上升。现在，我国政府已经把“金丝猴保护工程”列入15个野生动植物专项保护工程之一。

世界自然基金会、野生动植物保护国际和日本京都大学灵长类研究所等机构都对有关金丝猴的研究给予高度重视。我国政府有关机构也认识到金丝猴研究的特殊意义及其濒危的严重性，1977年把金丝猴列为国家一级保护动物，继大熊猫后，金丝猴被列为第二国宝。

Tips

茂密的原始森林里，成群的滇金丝猴或在树上栖息或玩耍打闹。维西滇金丝猴国家公园是野外观察和拍摄滇金丝猴的胜地，拍摄的同时有时候甚至可以跟它们嬉戏。可爱的生灵依赖于原始森林生存，请保护好每一片它们生存的家园。

生活在丛林之中的金丝猴憨态十足。

高原精灵黑颈鹤

最佳观赏地

昭通市大包山。

推荐理由

世界上唯一生长、繁殖在高原的鹤。

为中国特产种类，分布于中国的青藏高原和云贵高原。

黑颈鹤动是美，
或高飞盘旋，或低头觅食，
仙风道骨；
黑颈鹤静是美，
或驻足眺望，或缩头于颈，
与世无争。

“雁鹅雁鹅扯长，排成一字排成行，簸箕簸箕团团，快快下来跟我玩，犁头犁头尖尖，排成一字飞上天。”这首儿歌早已深深地印在人们童年的脑海里。但很多人对雁鹅并没有一个整体的印象，其实雁鹅就是云南大山包人对黑颈鹤的别称。

黑颈鹤栖息于海拔 2500 ~ 5000 米的高原地区。这是世界上唯一生长、繁殖在高原的鹤类，是我国所特有的珍贵鸟类，是国家一级保护动物。它们生活在沼泽地、湖泊及河滩地带，以绿色植物的根、芽为食，兼食软体动物、昆虫、蛙类、鱼类等，有“鸟类熊猫”之美誉，这当然也是一种悲凉而危机的称谓。它们至今仅存有几千只。

黑颈鹤是典型的候鸟。“鹤舞九月九，鹤鸣三月三”，这是它们来去的时间标志。一年四季，它们没有均分季节，但它们会遵从生命的规律，适时地来，又适时地去。每年 10 月下旬，整个家族便开始列队出发，由青藏高原一路南行，用一对有力的翅膀，带着朴素的梦，飞越万水千山，来到云贵高原。度过近半年的时光，越过冬天的冰冷，它们又带着春讯回到原来的地方，10 月就是它们生命南移的一个节点。

黑颈鹤有自己的语言和生活方式，起飞、降落、鸣叫、打斗、跳舞都是最值得观赏的景致。求偶时，雄鹤先轻舒两翅，慢挪脚步，围绕雌鹤旋转，边转边舞，雌鹤将双翼微微张开，轻巧地踏着舞步迎向雄鸟，配合默契，优美和谐，舞到高潮，轮流跳跃，比人类的浪漫爱情有过之而无不及。

大包山的跳墩河说是水库，其实是一个天然湖泊，它还有一

▶ 美丽宁静的跳墩河水库，是黑颈鹤的栖息场所。

个令人浮想联翩的美名——仙鹤湖。没有到跳墩河边走一走，那你就不算真正到过大山包。跳墩河名为“河”，其实只是一片占地仅有 340 公顷的高原淡水湖泊，入夜黑颈鹤就歇息在湖畔的沼泽湿地边。

每天清晨 7 点多，山峦间微露的晨光中黑颈鹤三三两两地开始起飞，到附近的山梁坡地上寻觅刨食散落在地里的洋芋及农户田里的庄稼。中午时分，它们就会飞回湖畔，在湖水中喝水、理羽、嬉戏、起舞弄倩影。在这方清悠的水泊，黑颈鹤或宁静清雅，款款而行；或矜持稳重，间或啼鸣；或默默伫立，若有所思；或脉脉传情，窃窃私语。

秋冬季，正是观鸟的最佳时节，大群大群的候鸟从天空飞过，从北方飞向南方越冬。和其他野生动物相比，鸟类是人类最容易接触到的，而且鸟儿一般不会对人构成伤害威胁，它们的体态、颜色、鸣声让人们感到赏心悦目。找一块适合的湿地，架起望远镜和长焦镜头静候鸟儿日出而去、日落而归。

冬天临近，在大山包的跳墩河水库、大海子水库可看到成群结队的黑颈鹤，还有黑颈鹤那舞姿蹁跹的倩影。在一片冰天雪地、玉宇琼花的世界里，大地、村庄、树木披上了银装，一丝丝的冰晶凝结在山野远处，加之从远方飞来的黑颈鹤，使人倍感新奇有趣。

Tips

每年的 12 月到次年的 3 月是在大山包拍摄黑颈鹤的最佳时机。大海子湿地是黑颈鹤过夜的地方，每天早晨黑颈鹤会在水边觅食，每天午后 1 点，保护区的工作人员会进行投食，鸟儿都会从四面八方飞来在此聚餐。大海子湿地自然保护区建有观鸟房，人们可以隐蔽在观鸟房内观赏和拍摄黑颈鹤，距离比较近，又不至于惊扰鸟儿。

互相追逐、嬉戏玩闹的黑颈鹤。

过桥米线香味浓

米线过桥，举案之心，爱情传说扬名；
过桥米线，耐煮不烂，美味天下皆知。

▲蒙自是过桥米线的发源地。

最佳品尝地

昆明市以及红河哈尼族彝族自治州蒙自市。

推荐理由

熟透迅速、均匀，耐煮不烂，爽口滑嫩，煮后汤水不浊，配菜营养丰富，易于消化。

传说蒙自城的南湖旧时风景优美，常有文人墨客在此亭攻书读诗。有位杨秀才，经常去湖心亭内读书，他的妻子每次都将饭菜送往湖心亭。杨秀才读书刻苦，往往废寝忘食，以至于常常要吃冷饭凉菜，身体日渐不支。

妻子焦虑心疼，思忖之余把家中母鸡杀了，用砂锅炖熟，给他送去。待她再去收碗筷时，看见送去的食物原封未动，丈夫仍如痴如呆在一旁看书。她只好将饭菜取回重热，当她拿砂锅时却发现还烫乎乎的，揭开盖子，原来汤表面覆盖着一层鸡油，加之陶土器皿传热不佳，把热量封存在了汤内。

得到启发的妻子以后就用此法保温，另将一些米线、蔬菜、肉片放在热鸡汤中烫熟，趁热给丈夫食用。后来不少街坊邻居都仿照她的这种创新办法烹制，烹调出来的米线确实鲜美可口。由于杨秀才从家到湖心亭要经过一座小桥，大家就把这种吃法称为“过桥米线”。又经过历代滇味厨师改进创新，过桥米线成为滇南的一道著名小吃。

云南过桥米线汤是用大骨、老母鸡、云南宣威火腿经长时间熬煮而成的具有浓郁鲜香味的一类高汤，所属菜系是滇菜。过桥米线是云南滇南地区特有的美食，已有百多年历史，50 多年前传至昆明，此种食品主辅合一，深受各族人民群众的喜爱，以其特有的滋嫩、鲜香、清爽适口、富于营养而著称。

现在的过桥米线由四部分组成：一是汤料，覆盖有一层滚油。二是作料，有油辣子、味精、胡椒、盐。三是主料，有生的猪里脊肉片、鸡脯肉片、乌鱼片，以及用水过五成熟的猪腰片、肚头片、水发鱿鱼片；辅料有豌豆尖、韭菜，以及芫荽、葱丝、草芽丝、姜丝、玉兰片、氽过的豆腐皮。四是主食，即用水略烫过的米线。鸡油封面，汤汁滚烫，但不冒热气。

米线鲜嫩可口，别有风味，人们常说“去云南不吃过桥米线等于白去一趟”。过桥米线就是在煨好的鸡汤中加入米线和其他食品的一种独特的吃法，初去云南吃此小吃的人如不向别人请教会闹出笑话。

吃过桥米线也是有步骤的，在食用时应先食鹌鹑蛋，再食生片，趁汤是最高温的时候将生片烫熟。有人不知其中奥妙，先烫蔬菜和米线，等到后来，汤的温度下降，不可生食的食物也烫不熟了。

过桥米线是严格进行分食的，每人面前生片、鸡汤、蔬菜、米线各一碗，这样既卫生，又不至于浪费。过桥米线在各类风味小吃中滋味独特，品格高雅，可谓是各路传统小吃之首。有人说过桥米线是中式西餐，值得大大提倡。米线营养丰富，食用简便，深受国内外人士的欢迎。

现在过桥米线已经成了中外游客到云南旅游必定要尝一尝的地道美食。这美味的米线里面不仅仅只有作料的味道，还有杨秀才锲而不舍的志气和杨妻默默无言的关心，以及这对夫妻举案齐眉的爱情之味。

Tips

鸡汤是滚烫的，由于表面有一层鸡油，一点热气也没有，初食者往往误认为汤并不烫，直接用嘴去喝，这样很容易烫伤嘴皮。因此，千万不能用嘴直接去喝鸡汤。

▼过桥米线配料不少。

菌中之王数松茸

松茸是菌中之王，
香气浓郁，补脑益智；
松茸是天赐珍宝，
名贵稀少，寻之不易。

云南的松茸随着《舌尖上的中国》红遍大江南北，镜头里的松茸，在松树和栎树的交混林里，在没有污染的高海拔山地，才能长得如精灵一般。带着露水的松茸，是美的化身，它汲取天地之精华，蕴含人体所需的多种营养成分。它不但味道鲜美，而且还具有益肠胃、理气化痰、驱虫等功能，对糖尿病亦有独特疗效，是中老年人理想的保健食品。

松茸如同一个挑食的孩子一般，对生存环境的要求尤为苛刻，只能生长在没有任何污染和人为干预的原始森林里，而且必须和松树的根系形成共生关系，共生树种的年龄必须要在 50 年以上，同时需要依赖柏树、栎树等提供营养支持。

松茸不仅是对生长地要求苛刻，且对出土的天气要求也极其严格。出土之前，需要一场充沛的雨水浇灌土地，出土后也要立即得到充足的光照，可以说每一棵松茸的诞生都是造物主的奇迹。

松茸的生长过程极为缓慢，一般需要5到6年。寿命却极其短暂，从出土到成熟，一般只需要 7 天的时间，之后便会迅速衰老。也正因此，它只能靠当地的老百姓上山寻找采摘，采摘后使用冰袋降温，即使是这样，也只能保鲜 3 天。

最佳购买地

迪庆、大理、楚雄等地。

推荐理由

天然滋补品，有特别的浓香，口感如鲍鱼，极润滑爽口。

Tips

消费者在购买松茸时，可以通过手指按压、闻气味、看颜色等方法来判断产地，如果无法判断松茸的产地，必须要求商家出具国家颁发的原产地认证文件，这样可以确保买到正宗松茸。

松茸苛刻的生存条件，唯有最适宜的地方才利于生长。

松茸对强精补肾、健脑益智和抗癌等有一定的作用。刚采下来，用松枝火烤食，有来自深山的松树林味，秋高气爽之日，携好友散坐于林边草地，红叶漫天、野花发生，沧桑之感油然而生。

松茸体内含有一种其他任何植物都没有的特殊双链生物活性物质——松茸醇（RNA），它具有超强抗基因突变能力和强抗癌作用，能达到抑制肿瘤和控制肿瘤复发、转移的目的。另外，松茸含有人体所需的各种营养，具有综合提高免疫力的功效，对身体虚弱、术后产后人群快速提高免疫力都具有一定的功效。

松茸的吃法很简单，高端的食材往往只需要采用最简便的烹饪方式，如此便能完整地保留松茸的美味与营养。好的滋补吃法，应当对松茸的营养破坏最少。

我国很多地区都产松茸，但各地区松茸的品质差异悬殊，价格也甚至能相差数十倍。目前国际市场公认的中国优秀松茸主要来自香格里拉，香格里拉产茸区包括迪庆产茸区、部分西藏产茸区和四川甘孜州产茸区，年产量约占全国总产量的 70%。

因自然环境适宜，那里的松茸品质较好，肉质紧密有弹性，香气十足，颜色呈淡黄或米白色，每年产出的松茸几乎全部用来出口，国内难得一见。

甜苦一生三道茶

沱茶、感通、花椒姜，饮一杯三道茶，百般滋味在心头；
头苦、二甜、三回味，饮一杯三道茶，人生感悟在其中。

南涧无量山有着万亩茶园，绵延不绝，穿行其中，茶香飘逸。

最佳品茶地

大理市大理古城。

推荐理由

云南白族招待贵宾时的饮茶方式，列入第四批国家级非物质文化遗产代表性项目名录。

白族的三道茶当初只是长辈对晚辈求学、学艺、经商以及新女婿上门时的一种礼俗。它的形成，还伴随着一个富有哲理的传说。

在很久以前，在大理苍山脚下，住着一位手艺高超的老木匠。他带有一个徒弟，学了多年还不让出师。一天，他对徒弟说：“你作为一个木匠，会雕会刻，还只学到一半功夫。要是跟我上山，你能把大树锯倒，锯下板子，扛得回家，才算出师。”

徒弟不服气，就跟着师父上山，找到一棵大麻栗树，立即锯起树来。但还未等徒弟将树锯成板子，已觉口干舌燥，只好恳求师父让他下山取水解渴，但师父不依。到傍晚时分，还未锯完板子，徒弟再也忍受不住了，只好随手抓了一把树叶，放进口里咀嚼，想用来解渴。师父看了徒弟又皱眉头又咂舌的样子，笑着问徒弟：“味道如何?”徒弟只好实说：“好苦啊!”

师父这时才语重心长地说：“你要学好手艺，不先吃点苦头怎行啊?”这样一直到日落西山，板子虽然锯好，但徒弟已筋疲力尽，最终累倒了。这时，师父从怀里取出一块红糖递给徒弟，郑重地说：“这叫先苦后甜!”徒弟吃了这块糖后，觉得口不渴了，精神也振作了。于是赶快起身，把板子扛回家。

从此以后，师父就让徒弟出师了。分别时，师父舀了一碗茶，放上些蜂蜜和花椒叶，让徒弟喝下去后，问道："此茶是苦是甜？"徒弟答曰："甜、苦、麻、辣，什么味都有。"师父听了，哈哈大笑，说道："这茶中情由，跟学手艺、做人的道理差不多，要先苦后甜，还得好好回味。"

自此开始，白族的三道茶就成了晚辈学艺、求学时的一套礼俗。后来，流传范围扩大，但凡在逢年过节、生辰寿诞、男婚女嫁、拜师学艺等喜庆日子里，或是在亲朋宾客来访之际，都会以"一苦、二甜、三回味"的三道茶款待。

第一道茶，称为"清苦之茶"，寓意着"要立业，就要先吃苦"的人生哲理。由于这种茶经烘烤、煮沸而成，因此，看上去色如琥珀，闻起来焦香扑鼻，喝下去滋味苦涩，故而谓之苦茶，通常只有半杯，一饮而尽。

第二道茶，称为"甜茶"。当客人喝完第一道茶后，主人重新用小砂罐置茶、烤茶、煮茶，与此同时，还得在茶盅中放入少许红糖，待煮好的茶汤倾入盅内八分满为止。这样沏成的茶，甜中带香，甚是好喝，寓意"人生在世，做什么事，只有吃得了苦，才会有甜香来"。

第三道茶，称为"回味茶"。其煮茶方法虽然相同，只是茶盅中放的原料已换成适量蜂蜜、若干粒花椒，茶汤容量通常为六七分满。饮第三道茶时，一般是一边晃动茶盅，使茶汤和佐料均匀混合；一边口中"呼呼"作响，趁热饮下。这杯茶，喝起来甜、酸、苦、辣各味俱全，回味无穷。它告诫人们，凡事要多"回味"，切记"先苦后甜"的哲理。

Tips

三道茶的喝法是：先将本地产的绿茶放入特制的小砂罐里在火上焙烤，待罐中茶叶烤脆、烤香、变黄时，冲入罐中少许沸水，等水中泡沫消失。再将沸水冲满，用火稍煨片刻，待茶水呈琥珀色，香味浓郁，有烤茶的特殊馥郁，斟入小茶盅内，此第一道茶。在砂罐里注入新水，加入白糖、炒香的桃核仁片、芝麻面等是第二道茶。第三道茶要在茶水中放入烘香的乳扇、红糖、蜂蜜、桂皮、米花和几粒花椒等，称为三道回味茶。

一苦二甜三回味的三道茶。

清饮一杯普洱茶

普洱茶是茶中精品，尝一口，唇齿生香，滋味浓醇；
普洱茶是茶中君子，饮一杯，心素如简，人淡如茶。

最佳品茶地

普洱市、西双版纳傣族自治州各地。

推荐理由

中国十大名茶之一，茶汤橙黄浓厚，香型独特，滋味浓醇，经久耐泡。

茶马古道是青藏高原上一条十分古老的文明之道。这些古道由石板铺制而成，从崇山峻岭之间穿梭而过。如今人迹罕至的古道曾经也是络绎不绝的贸易之路，一队队马帮赶着骏马，骏马驮着背篓，背篓里装着散发着芳香的普洱茶，一路走，一路飘香，一路留下历史的遗迹。

普洱是一个诗意的城市、浪漫的地方，更是普洱茶叶的故乡。普洱茶历史悠久，当地人们在 3000 年前的周朝就已经开始种植茶树。普洱茶名扬海外，不仅仅是因为它的历史，更多的是因为它的品质。有诗赞曰："茗者八方皆好客，道处清风自然来。"

大多茶叶以新鲜为贵，不能用于储藏，时间长了就会淡然无味，这是茶一个不可避免的弱点。然而，普洱却独独能逃过这个命运。那些行走在茶马古道上的马帮，每次运输一次普洱茶都要经过千里迢迢的路程，常常在路上都要耽搁半年之久。但当普洱茶运输到目的地之后，人们发现普洱茶不但没有失去它的香味，反而尽脱了新茶的苦涩之感，变得越发香甜沉香。

如果我们回过头来探讨普洱茶发生质变的原因，会发现是由于在云南湿热的空气下，茶叶会慢慢地发酵。这种发酵作用能够经历很长时间，可以达到十几年到几十年，而普洱茶的质地也随之不断地提高，才会散发出独特的芳香。

这股淡雅的芳香总能给人带来安详的感觉，爱普洱茶的人们根据这个特点，给它的香气起了一个很有内涵的名称"陈香"。普洱储藏的时间越长，味道便越陈香。

▲ 普洱茶经常压制成饼存放。

云南普洱茶为茶中之茶，是暖胃、降脂、养气、益寿延年及品茗的圣品。云南有最古老的茶树王，也是茶的原产地，早在明末清初至同治年间，帝王、皇族中便崇尚喝普洱茶，此时也是普

▶忙着采茶的茶农。

洱茶的兴盛时期。普洱茶是一种后发酵茶，具有“长寿茶”的美称，亦称“可以喝的古董”，可长期存放，愈陈愈香。

春季人体处于舒发之际，可选择有一定自然发酵程度的普洱茶或生熟混拼的普洱茶，这样的茶既有温性，又有活性，更利于散发冬天积郁在人体内的寒邪，能促进人体阳气生发，使人精神振奋，消除春困，增强疾病的抵御能力。

夏季溽暑蒸人，此时宜饮生茶，其味略苦，茶性偏寒，具有消热、消暑、解毒、去火、降燥、止渴、生津、强心提神的功能，生茶富含茶多酚、咖啡碱、氨基酸、维生素等营养成分，饮之既有消暑解热之功，又具增添营养之效。

秋季天气干燥，“燥气当令”，常使人口干舌燥，宜喝半生熟发酵程度的普洱茶，也可生茶和熟茶混用，取其两者功效。这样饮用茶性适中，介乎生熟茶之间，不寒不热，很适合秋天气候。

冬季养生重在御寒保暖，提高抗病能力，此时宜喝熟普洱茶，其色褐红，暖意满怀且熟茶性味甘温，善蓄阳气，生热暖腹，能够强身补体，加奶、糖调饮芳香不改，从而增强人体对冬季气候的适应能力。

茶是一种情调、一种沉默、一种忧伤、一种落寞。也可以说是记忆的收藏，在任何一季节里饮茶，每个人都宛若一片茶叶，或早或晚要融入这变化无限的大千世界。在融会的过程中，社会不会刻意地留心每一个人，就像饮茶时很少有人在意杯中每一片茶叶一样。茶叶不会因融入清水不为人在意而无奈，照样只留清香在人间。

Tips

初涉普洱茶的朋友不要购买老茶，以免上当。不要简单认为年代越久远越好。只有质量合格的产品在合适的储存条件下，在一定时间范围内茶叶的品质才会朝“好”的方向转化。

蜡染艺术展风情

蜡染，是我国艺术花园的奇葩，图案丰富，色调素雅；
蜡染，是民族文化的瑰宝，清新悦目，风格独特。

▲民族风情浓郁的蜡染服饰。

最佳购买地

文山壮族苗族自治州苗族聚居区。

推荐理由

图案丰富，色调素雅，风格独特，朴实大方，富有民族特色。

在苗族地区的很多地方都流行有“蜡染歌”，代代传唱，叙述着蜡染起源的故事。有一个聪明美丽的苗族姑娘并不满足于衣服的均一色彩，总希望能在裙子上染出各种各样的花卉图案来，可是一件一件地手工绘制实在太麻烦，但她一时又想不出什么好办法来，终日为此闷闷不乐。一天，姑娘又看着一簇簇一丛丛的鲜花久久发愣，办法没想出来却在沉思中昏昏入睡。

朦胧中有一个衣着漂亮的花仙子把她带到一个百花园中，园里有无数的奇花异草。姑娘在花园中看啊看啊，看得入了迷，连蜜蜂爬满了她的衣裙也浑然不知。等她醒来一看，才知道刚才是睡着了，可是低头再看，花丛中的蜜蜂真的刚刚飞走，而且在她的衣裙上留下了斑斑点点的蜜汁和蜂蜡，很不好看。

她只好把衣裙拿到存放着靛蓝的染桶中去，想重新把衣裙染一次，试图覆盖掉蜡迹。染完之后，又拿到沸水中去漂清浮色。当姑娘从沸水中取出衣裙的时候，奇迹出现了，深蓝色的衣裙上被蜂蜡沾过的地方出现了美丽的白花！

姑娘心头一动，立即找来蜂蜡，加热熬化后用树枝在白布上画出了蜡花图案，然后放到靛蓝染液中去染色，最后用沸水熔掉蜂蜡，布面上就现出了各种各样的白花，哦！染缸中居然染出了印花布，姑娘高兴地唱起了山歌。

人们听到了姑娘的歌声，纷纷来到她家听她讲百花园里的梦境，观看她染出的花裙，学习她描花绘图的技艺。大家回到自己家里之后，照着姑娘教给的方法，也都染出了花样繁多的花布。从此，蜡染技术就在苗族及与之杂居的布依、瑶族等兄弟民族之间流传开来了。

蜡染，大体可以分三大类：一类是西南民族地区，民间艺人和农村妇女自绘自用的蜡染制品，这一类产品应属于民间工艺品；另一类是工厂、作坊面向市场生产的蜡染产品，这一类产品应属于工艺美术品；第三类是以艺术家为中心制作的纯观赏型的艺术品，也就是“蜡染画”。这三大类蜡染同时并存，互相影响，争奇斗艳。这种复杂的、多元化的现象，在艺术界是少见的。

蜡染的灵魂是“冰纹”，冰纹的形成，是蜡画坯布在不断翻卷浸染中，蜡迹破裂，染液便随着裂缝浸透在白布上，留下了人工难以摹绘的天然花纹，像冰花，像龟纹，真是妙不可喻。同样图案的蜡画布料，浸染之后，冰纹就似人的指纹一样绝不相同，展现出清新自然的美感。

蜡染的“冰裂”纹，类似瓷釉之“开片”，极具艺术效果。裂之大小走向，可由人掌握，可以恰到好处地表现描绘对象，特点鲜明。要染多色彩层次的花口，可采用分色封蜡的手段，表现力更丰富。蜡染多用于制作工艺服装、壁挂、台布等。

蜡染作为我国古老的纺染工艺，历史已经非常悠久。采用靛蓝染色的蜡染花布，青底白花，具有浓郁的民族风情和乡土气息，是我国独具一格的民族艺术之花。

▲ 苗寨妇女用自制土布蜡染衣服。

Tips

由于蜡染的原料是纯棉布，因此在保养方面应注意防潮、防腐蚀，以免发霉生虫。如果买回后是用于收藏而非装饰，那一定要定期取出来晾晒。